Raúl H. Varetto

MANUAL DE MECÁNICA Y ELECTRICIDAD

LIBRERÍA Y EDITORIAL ALSINA

© Copyright 2007 **by LIBRERÍA Y EDITORIAL ALSINA**

Paraná 137 – C1017AAC Ciudad Autónoma de Buenos Aires-Argentina
Tel. 54 11 437391242 – Telefax 54 11 4371-9303
info@lealsina.com
www.lealsina.com
Queda hecho él deposito que establece la ley 11.723

IMPRESO EN ARGENTINA

ISBN 978-950-553-148-6

Varetto R aúl H.
 Manual de Mecánica y Electricidad - 1a ed. - Buenos Aires:
Librería y Editorial Alsina, 2006.
 238 p. ; 20x14 cm.

 ISBN 950-553-148-6

 1. Mecánica 2. Electricidad. I. Título
 CDD 621.317

Fecha de catalogación: 02/10/2006

Raúl H. Varetto

MANUAL DE MECÁNICA
Y ELECTRICIDAD

Librería y Editorial Alsina
Paraná 137 - C1017AAC Ciudad Autónoma de Buenos Aires
Tel.: 54 11 4373-2942 – Telefax: 54 11 4371-9309
info@lealsina.com   www.lealsina.com

Raúl H. Varetto
Técnico Mecánico Electricista
Escuela Industrial Superior
anexa a la Facultad de Ingeniería Química
UNIVERSIDAD NACIONAL DEL LITORAL
Santa Fe – República Argentina

Diseño Gráfico y Computación: Srta. Ana M. Lenarduzzi – Río III – Cba.
EDICIÓN 2006

Prólogo

Dedico este manual a todos los trabajadores electro-mecánicos.

En él, hay explicaciones prácticas para las instalaciones, que ya fueron probadas con buenos resultados.

Sugerimos la consulta de otros manuales, libros y folletos que aumentarán las posibilidades para solucionar problemas y necesidades.

Mantener una libreta con anotaciones de las experiencias personales con valores, datos y dibujos, es una excelente decisión.

Debo agradecer las enseñanzas recibidas desde mis comienzos en la Escuela Industrial Superior de Santa Fé hasta la de los especialistas y trabajadores en las fábricas , centrales y subestaciones.

El Autor.

I

El Autor

Raúl Humberto Varetto, cursó los siete años de estudio correspondientes a la especialidad Mecánica Eléctrica en la Escuela Industrial Superior anexa a la Facultad de Ingeniería Química de la Universidad Nacional del Litoral en Santa Fe, República Argentina.

En 1958 ingresó a la empresa química ATANOR SAM en su planta instalada en Río Tercero, Provincia de Córdoba.

Posteriormente, dedicado al comercio eléctrico de motores y aparatos de maniobra en Delta Electricidad Industrial, en la región cercana a Río Tercero.

Durante la construcción y puesta en marcha, trabajó en la Central Nuclear, situada en Embalse, Provincia de Córdoba.

Dedicado a la actividad docente, estuvo como Profesor y Maestro de taller en la Escuela Nacional de Educación Técnica General Manuel Nicolás Savio de Río Tercero y en la Escuela Superior de Comercio.

CAPÍTULO I

ELECTROTECNIA

Energía, equivalencias.

Para producir 1kWh se usan 300gr de petróleo ó 500gr de carbón equivalentes a 300 Calorías.

$$1kWh = 860Cal$$
$$\eta = 28\%$$

1 Caloría (Cal) es la cantidad de calor para elevar 1°C la temperatura de 1gr de agua.
1 kilocaloría (kCal) es la cantidad de calor para elevar 1°C la temperatura de 1000gr = 1kg de agua.

Según JOULE: una corriente de 1A circulando por una resistencia de 1Ω por segundo desarrolla 0,239Cal (equivalente termoeléctrico).
Siendo Q = cantidad de calor tenemos:

$$Q = 0,239 \cdot U \cdot I \cdot t \cdot Cal$$
ó
$$Q = 0,239 \cdot I^2 \cdot R \cdot t \cdot Cal$$
ó
$$Q = 0,239 \cdot \frac{U^2}{R} \cdot t \cdot Cal$$

Todo calentamiento tiene un rendimiento; porque hay pérdidas.

$$\eta = \frac{Calor\ útil}{Calor\ total} = \frac{Q_u}{Q}\ (rendimiento)$$

Ejemplo: En un recipiente con resistencia de calentamiento se debe elevar en 10 minutos, de 10 a 100°C a un litro de agua con un $\eta = 0,8$ y tensión 220V.
¿Qué corriente circula por la resistencia? ¿Qué valor tiene R?

Calor necesario Q_u = masa . calor específico.
(diferencia de temperatura)

= 1kg . 1 $\dfrac{kCal}{kg . °C}$. (100 - 10) = 90kCal

Calor total a producir:

Q_u = 1kg . $\dfrac{1 \ kCal}{kg . °C}$. (100 - 10°C) = 90kCal

Q = 0,239 . U . I . t . Cal

I = $\dfrac{Q}{0,239 . u . t}$ = $\dfrac{112,5}{0,239 . 220 . 600seg . 1000}$ = 3,56Amp

La resistencia es:

R =   61,7 Ω

Corriente, polaridad, signos.

En corriente continua (c.c.) el flujo de corriente va del polo
positivo (+) al polo negativo (-) externamente al generador y
en sentido contrario en la parte interna del mismo.

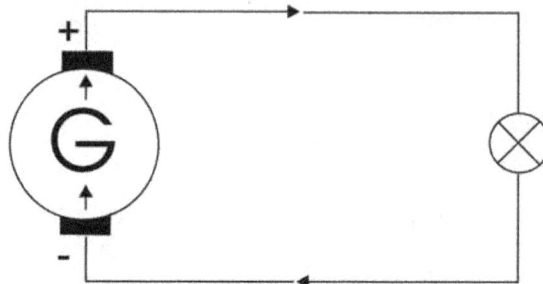

Una lámpara de arco con dos carbones, encendiendo el arco algunos pocos minutos y cortándolos al + permanece rojo y luego se enfría.
En el + aparece un cráter (-) una punta

Medidas de continuidad.

El tester usado como OHMETRO es útil para reparar averías. Si se coloca el selector en Rx1 al medir continuidad se leerá 0 Ω en circuitos sin resistencia. Si el conductor está cortado, el aparato no dará ninguna lectura. En el caso de que el valor medio no sea cero Ω puede haber malos contactos óxido, soldaduras mal efectuadas, es como si en el circuito hubiese alguna resistencia con algún valor en ohmios. Al mover los cables o tocar algo del circuito pueden aparecer movimientos de la aguja o lectura en el display, esto puede deberse a flojedades o roturas.

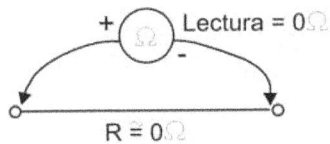

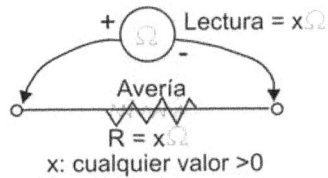

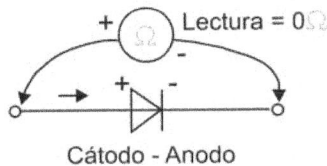

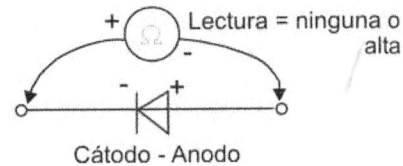

Lectura = 0Ω
R = 0Ω

Lectura = xΩ
Avería
R = xΩ
x: cualquier valor >0

Lectura = 0Ω
Cátodo - Anodo

Lectura = ninguna o alta
Cátodo - Anodo

En las mediciones tener en cuenta si hay un condensador
con lo cual la aguja acusará un movimiento hacia el cero
por la carga que absorbe el mismo. Luego la aguja se res-
tablecerá a una posición estable. Si la aguja permanece en
el cero en un lugar donde debería existir algo de resistencia
puede ser debido a un cortocircuito o la perforación de un
condensador.
Para probar diodos y transistores, tenemos en los diodos
libre circulación desde + o - desde ánodo a cátodo, y a la
inversa no hay circulación.

Comprobación de polaridad, uso de la brújula.

Usando una brújula se puede observar el sentido del flujo
de corriente en un cable colocado en forma horizontal, colocando la brújula cerca y debajo del mismo.

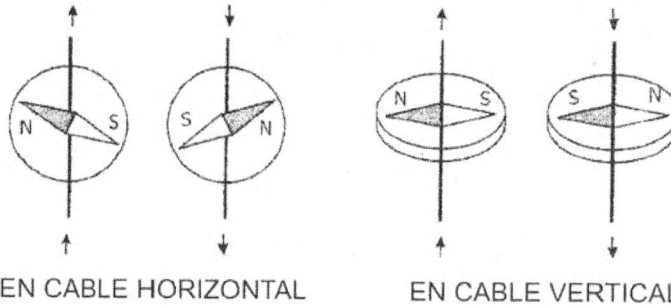

EN CABLE HORIZONTAL   EN CABLE VERTICAL

Si se pone la mano derecha sobre o paralela al cable con el
pulgar en la dirección del N de la brújula al dedo índice se-
ñala la dirección de la corriente.
Se puede probar la polaridad de un dínamo sumergiendo en
agua acidulada los cables de cobre derivados de los bornes.
El + se indica por el cobre que se pone negro y se corroe.
Si a los cables se les coloca en el extremo una pieza de plomo la del + se pone negra.
Una lámpara de arco con dos carbones, encendiendo el arco algunos pocos minutos y cortándolo el (+) permanece rojo y luego se enfría.

Electrotecnia

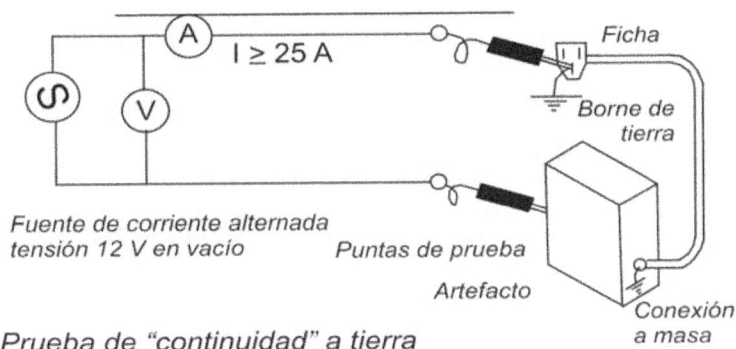

$I \geq 25\,A$

Ficha

Borne de tierra

Fuente de corriente alternada tensión 12 V en vacío

Puntas de prueba

Artefacto

Conexión a masa

Prueba de "continuidad" a tierra

Cálculo de resistencia eléctrica.

¿Cuánto vale la resistencia de un conductor de cobre de 80m de longitud y 1,5mm² de sección?

$$R = \frac{\ell}{\gamma \cdot s} = \frac{80}{56 \cdot 1,5} = 0,953\,\Omega$$

$\gamma = 56$ *conductividad del cobre*

¿Qué longitud ha de tener el hilo calefactor de un horno cuya R = 55Ω, si dicho hilo es de nichrom y tiene 0,45mm de diámetro? $\propto = 1,0$ (conductividad del Nichrom)

$$S = \frac{3,14 \cdot 0,45^2}{4}$$

$I = R \cdot \propto \cdot s = 55 \cdot 1 \cdot 0,159 = 8,75m$

Un cable de aluminio bipolar está colocado en el suelo. El camino que sigue no se conoce. La resistencia de un conductor es de 0,042Ω, la sección 35mm² ¿Cuál es la longitud?

$I = R \cdot \propto \cdot s = 0,042 \cdot 35 \cdot 35 = 51,6m$
$\propto = 35$ (conductividad del aluminio)

¿Cuánto vale el diámetro de un hilo de nichrom ρ = 1,1 si la resistencia hecha con éste hilo tiene 89Ω y longitud 63,5m?

$$s = \frac{\rho \cdot l}{R} = \frac{1,1 \cdot 63,5}{89} = 0,785mm^2$$

$$d = \sqrt{\frac{4 \cdot s}{\pi}} = \sqrt{\frac{4 \cdot 0,785}{\pi}} = 1mm$$

Un carril pesa 30 Kg/m. La conductividad x = 8, el peso específico γ = 7,8Kg/dm^3 ¿Qué resistencia tiene para 2km de longitud?

$$s = \frac{G}{l \cdot \gamma} = \frac{30Kg/m}{10 \cdot 7,8kg/dm^3} = 0,3847dm^2 = 3847mm^2$$

$$R = \frac{l}{\propto \cdot s} = \frac{2000}{8 \cdot 3847} = 0,065\Omega$$

¿Cuánto vale la resistencia de un alambre de Nichrom MR 100 de 20m de longitud y 0,6mm^2 de sección?

$$R = \frac{l}{\rho \cdot s} = \frac{20}{1,1 \cdot 0,6} = 33,33\Omega$$

La resistencia del elemento calefactor de una plancha eléctrica es de 93,4Ω como resultado de una medida.
Se empleó cinta de resistencia de 0,15 x 1mm, de 14m de longitud ¿Cuál es el material de la cinta?

$$\rho = \frac{R \cdot s}{l} = \frac{93,4\Omega \cdot 0,15mm^2}{14m} = 1\Omega \frac{mm^2}{m}$$

Solución: para 1 Ω mm2 el material es Nichrom
m

Variación de resistencia eléctrica por temperatura.

El hilo de cobre de una bobina de electroimán tiene 200m de largo y diámetro del hilo 0,8mm. Al estar trabajando se calienta a 65° C ¿Cuánto vale la resistencia ahora?

Tomamos el valor de la resistencia en frío a 20° C= 6,77 ohms

$$R_c = R_f . (1 + \propto t) = \frac{0,01785 . 200}{0,5mm^2} . (1 + 0,004 . 45) =$$

$$= 1,785 . 4 . 1,18 = 8,43\Omega$$

$$\rho = 0,01785 . \frac{\Omega mm^2}{m} \text{ para el cobre}$$

$$S = \frac{\pi . d^2}{4} = \frac{\pi . 0,8^2}{4} = 0,5mm^2$$

$\propto = 0,004$ para el cobre (coeficiente de temperatura)

Una escobilla de carbón roza en un eje para enviar a tierra las corrientes parásitas ¿Qué resistencia tendrá a 50° C? Dimensiones: ancho 20mm, espesor 10mm, largo 40mm Carbón con $\rho = 100$; $\propto = 0,0006$ (negativo)

$$R_f = \frac{\rho . \ell}{s} = \frac{100 . 0,04}{200} = 0,02 \Omega \text{ a } 20° C$$

$s = 20 . 10mm = 200mm^2$

$\ell = 40mm = 0,04m$

$$R_c = R_f(1 + \propto .t) = 0,02(1 + 0,0006.50°C) = 0,02(1 - 0,0006.50) =$$
$$= 0,0194\Omega$$

Puede verse que la resistencia disminuyó debido al $\propto$ negativo del carbón.

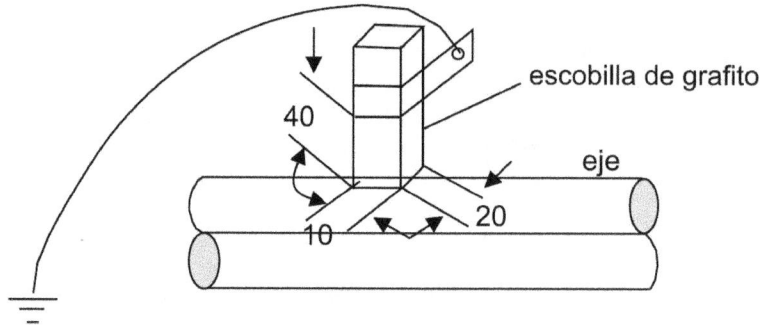

escobilla de grafito

eje

40

10   20

Resistencia en espiral de hilo o alambre.

Longitud del conductor que compone una espiral de alambre.

$$L = \frac{3,14}{d} \cdot (D + d) \ cm$$

L = son cm de longitud por cm de espiral apretada
d = diámetro del hilo en mm
D = diámetro del mandril o anima de acero

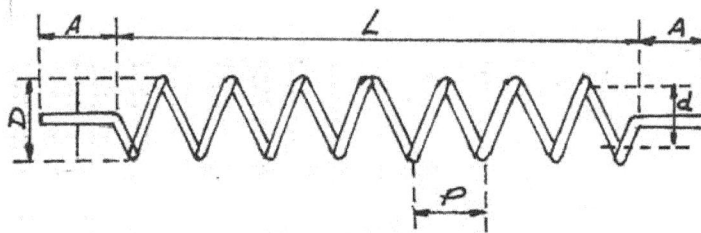

Ejemplo: una espiral con hilo de 0,5mm sobre ánima de acero de 3mm ¿Cuál será L?

$$L = \frac{3,1416}{0,5} (3 + 0,5) = 22cm \ / \ cm \ apretado$$

o sea hacen falta 22cm de alambre por cada cm de espiral apretada sobre el ánima.

Resistencia para horno

Cálculo de resistencia para un horno de pequeño tamaño.
De uso en artes cerámicas.

P = 800W
U = 200V
t°C = 400 °C
I = 3,63A

Tomamos:
Hilo de Cromo-Niquel el aire libre para 400 °C y corriente de
3,44A, diámetro = 0,55mm, sección = 0,237mm^2, 4,84Ω . m

Verificamos para un circuito monofásico:
P = 800W   V = 220V

$I = \dfrac{800}{220} = 3,361A$

$R = \dfrac{U}{I} = \dfrac{220V}{3,63A} = 60,60\,\Omega$

$L = \dfrac{60,60 \cdot 0,237mm^2}{1,12} = 12,82m$

ρ = 1,12 para alambre Nicrome
t°C de trabajo = 900°C
Pe= 8,192 (peso específico)
Coef. de temp. = 0,00017

La potencia disipada es:
$$W = R \cdot I^2 = 60,60 \cdot 3,63^2 = 800W$$
El calor producido:

$Cal = \dfrac{0,800}{4,166} = 0,192Cal/seg$

Cal/h = 0,192 . 3600 = 691,31Cal/hora

Conductores para aparatos de calentamiento.

Para temperaturas bajas (200 - 300ºC; estufas y secadores usar hierro, aleación "Argentana", níquel puro, acero al níquel.

Para reostatos grandes para calentar aire circulante en secadores se usa cintas delgadas de acero o hierro.

Para hornos de mufla , resistencias de cocina se usa cromo níquel en aleación con 20 - 30% de cromo y el resto níquel. En el comercio se lo consigue con el nombre de "nichrome", "cromore", "brightray".

Esta aleación tiene una alta resistencia específica (0,9 a 1,10) o sea 50 a 70 veces más alta que el cobre; funde a una temperatura de 1200 a 1500ºC; es casi inoxidable; puede usarse a 500 a 1000ºC como alambre o cinta.

Para temperaturas más bajas, 400 a 500ºC se usa el hierro níquel-cromo, el Ni puro y el acero al níquel.

TABLA DE COLORES DE CONDUCTORES SEGÚN TEMPERATURA

Rojo apenas visible	525º
Rojo oscuro	700º
Rojo oscuro brillante	800º
Rojo brillante	900º
Rojo claro	1000º
Naranja oscuro	1100º
Naranja claro	1200º
Blanco claro	1300º
Blanco brillante	1400º
Blanco vivo	1500 - 1600º

TABLA PARA 500-700°

∅ m	Amp totales	Amp / mm²	mm² / Amp
0,10 - 0,20	0,45 - 1,2	60 - 40	0,017 - 0,025
0,20 - 0,30	1,2 - 1,7	40 - 25	0,025 - 0,04
0,30 - 0,50	1,7 - 3,6	25 - 18	0,04 - 0,055
0,50 - 0,60	3,6 - 4,2	18 - 15	0,05 - 0,065
0,60 - 0,80	4,2 - 7,0	15 - 14	0,065 - 0,040
0,80 - 1,00	7,0 - 10,0	14 - 10	-- --

Resistencia de fundición.

Cálculo de una resistencia con elementos de fundición.

Datos:

$R = \Omega$ (resistencia total)
$E = $ Volts
$I = $ Amperes
$r = $ resistencia de un elemento en Ω
$n = $ número de elementos en serie necesarios para obtener
    la R total

$$m = \frac{R}{r} = \frac{\Omega \text{ totales necesarios}}{\Omega \text{ de un elemento}}$$

$S = $ mm²   sección de un elemento de fundición
$L = $ m   longitud desarrollada lineal del elemento
$\rho = $ resistencia específica $\dfrac{\Omega \, mm^2}{m}$

$$r = \frac{\rho . L}{S} \quad \Omega \text{ para un elemento}$$

Resistividad de la fundición: 0,75 a 15° y 0,90 a 300°
Sección mínima necesaria por resistencia mecánica = 12mm²
Temperatura máxima de uso = 500°. Coeficiente de temperatura de la fundición de 0,0008 a 0,0015

Terminación conveniente del elemento: zincado
Densidad de corriente del elemento: $0,75A/mm^2$ a $15A/mm^2$

Calcularemos una resistencia:

Datos:

R_{total} = 1,5

Temperatura de trabajo = 210ºC
Carga de régimen = 40A

Verificamos con un elemento de 0,157 a 250ºC con carga
de régimen 46A sección 6,9x4 = $28mm^2$, superficie radiante
= $920m^2$, peso del elemento = 1,1kg.

$$n = \frac{1,5}{0,157} = 9,55 \text{ elementos}$$

$$\text{Densidad de corriente} = \frac{40A}{28mm^2} = 1,43A/mm^2$$

peso del conjunto = 9,55 . 1,1kg = 10,50kg

Para calcular la resistencia de un elemento de dimensiones
conocidas haremos un ejemplo:
Sección = $28mm^2$, largo del zig zag 108mm, ancho 100mm.
El zig zag tiene 6 barras de 100mm con lo cual el largo L =
6 . 100 = 600mm = 0,6m

$$r = \frac{0,6m . 0,75}{28} = 0,016$$

Resistencia de fundición

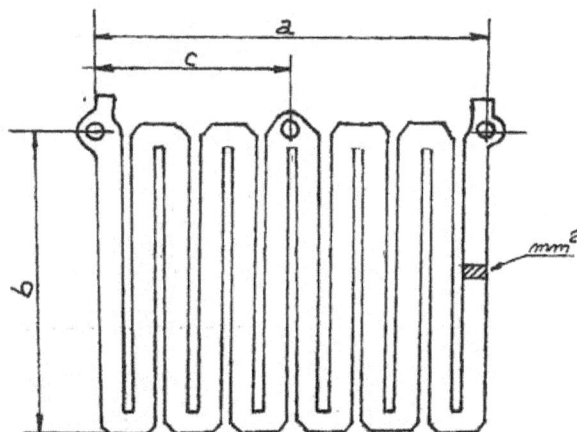

Barras de cobre y aluminio.

CAPACIDAD CONDUCTORA DE BARRAS
CORRIENTE ALTERNA 50 Hz

Dimensiones	Sección mm² cada barra	PESO kg/m Cu	PESO kg/m Al	Una Barra Desnuda Cu	Una Barra Desnuda Al	Una Barra Pintada Cu	Una Barra Pintada Al	Dos Barras Desnuda Cu	Dos Barras Desnuda Al	Dos Barras Pintada Cu	Dos Barras Pintada Al	Tres Barras Desnuda Cu	Tres Barras Desnuda Al	Tres Barras Pintada Cu	Tres Barras Pintada Al	Cuatro Barras Desnuda Cu	Cuatro Barras Desnuda Al	Cuatro Barras Pintada Cu	Cuatro Barras Pintada Al
12x2	24	0,214	0,065	110	80	125	100	200	140	225	180	-	-	-	-	-	-	-	-
15x2	30	0,265	0,081	140	95	155	125	240	170	270	215	-	-	-	-	-	-	-	-
15x3	45	0,401	0,121	170	115	185	150	300	210	330	265	-	-	-	-	-	-	-	-
20x2	40	0,357	0,108	185	120	205	165	345	220	350	280	-	-	-	-	-	-	-	-
20x3	60	0,535	0,162	220	145	245	195	360	270	425	340	-	-	-	-	-	-	-	-
20x5	100	0,893	0,270	295	195	325	260	495	350	550	440	-	-	-	-	-	-	-	-
25x3	75	0,667	0,202	270	180	300	240	460	330	510	410	-	-	-	-	-	-	-	-
25x5	125	1,116	0,337	350	230	385	310	600	430	670	535	-	-	-	-	-	-	-	-
30x3	90	0,803	0,243	315	205	350	280	540	385	600	480	-	-	-	-	-	-	-	-
30x5	150	1,339	0,405	405	270	450	360	705	500	780	625	-	-	-	-	-	-	-	-
30x10	300	2,679	0,810	660	395	735	525	1100	780	1215	975	-	-	-	-	-	-	-	-
40x3	120	1,071	0,324	415	280	460	370	710	500	785	630	-	-	-	-	-	-	-	-
40x5	200	1,786	0,540	515	350	575	460	900	650	1000	800	-	-	-	-	-	-	-	-
40x10	400	3,572	1,080	755	515	835	670	1350	975	1500	1200	1855	1350	2055	1650	2500	1800	2810	2250
50x5	250	2,232	0,675	630	425	700	560	1090	780	1210	970	1575	1120	1750	1900	2030	1500	2310	1850
50x10	500	4,468	1,350	920	625	1025	820	1600	1150	1800	1440	2210	1600	2450	1960	2990	2160	3330	2660
60x5	300	2,679	0,810	740	500	825	660	1270	900	1410	1130	1780	1300	1980	1580	2390	1730	2650	2120
60x10	600	5,358	1,620	1080	730	1200	960	1860	1320	2060	1650	2510	1860	2790	2230	3420	2500	3800	3040
80x5	400	3,572	1,080	930	650	1060	850	1630	1170	1810	1450	2190	1640	2440	1950	2930	2230	3255	2710
80x10	800	7,144	2,160	1380	930	1540	1230	2300	1660	2610	2090	3100	2300	3450	2700	4200	3150	4665	3830
100x5	500	4,468	1,350	1180	775	1310	1050	1970	1400	2150	1720	2650	2000	2940	2345	3200	2600	3555	3160
100x10	1000	8,936	2,70	1690	1120	1880	1500	2750	1950	3060	2450	3650	2800	4060	3285	4500	3700	5000	4500
120x10	1200	10,72	3,24	2000	1250	2220	1670	3100	2300	3435	2890	4100	3250	4560	3815	5100	4300	5665	5225
160x10	1600	14,29	4,320	2500	1650	2780	2200	3900	2800	4320	3515	5300	4150	5895	4870	6300	5300	7000	6440
200x10	2000	17,86	5,40	3000	2000	3330	2675	4750	3450	5260	4330	6350	4950	7065	5810	7300	6400	8100	7780

Electrólisis.

Las tensiones de polarización o las diferencias de potencial entre metal y la solución normal de sales del mismo son:

Cuerpos simples	Tensión	Cuerpos Simples	Tensión
CATIONES		**CATIONES**	
Potasio	+ 3,2	Hidrógeno	+0
Sodio	+ 2,82	Arsénico	- 0,29
Bario	+ 2,75	Cobre	- 0,33
Calcio	+ 2,31	Bismuto	- 0,35
Magnesio	+ 1,50	Antimonio	- 0,47
Aluminio	+ 1,27	Marcurio	- 0,75
Manganeso	+ 1,09	Plata	- 0,16
Cinc	+ 0,80	Platino	- 0,86
Hierro	+ 0,66	Oro	- 1,08
Níquel	+ 0,60		
Cobalto	+ 0,42	**ANIONES**	
Cadmio	+ 0,44	Fluor	+1,96
Estaño	+ 0,19	Cloro	+ 1,41
Plomo	+ 0,16	Oxígeno	+ 1,12
		Bromo	+ 0,99
		Yodo	+ 0,52

Calcular como ejemplo: la f.e.m. mínima para electrólisis del Cloruro de Cinc.
También la diferencia de potencial a aplicar para separar el Níquel del Cobre en solución de cloruros con electrodos de carbón.

Datos:

Distancia entre electrodos: 20 cm.
Resistividad del baño CuCl$_2$, NiCl$_2$: 22x10^6 microhm.cm^2/cm
Intensidad de la corriente: 400 Amperes.
Densidad de la corriente: 0,02 Amp/cm^2
Masa del Cobre en la solución: 400 g.
Masa del Níquel en la solución: 100 g.
Resistividad del baño: NiCl$_2$ 44x10^6 microhm x cm^2/cm.

*Nota: Cuando se somete a electrólisis una mezcla de
aniones y cationes, la acción empieza al superarse con la
tensión aplicada, la tensión de descomposición de la solución.*

e_a = 0,80 V
e_c + e_a

e_c = diferencia de potencial entre Zn y ZnCl$_2$ = + 0,80 V
e_a = diferencia de potencial entre Cl y ZnCl2 = + 1,41 V

La fuerza electromotriz necesaria para la electrólisis del Cl$_2$ Zn será:

$$1,41 + 0,80 = 2,21 \text{ V}$$

Tensión a aplicar a los electrodos

$$U = E + r \cdot I$$

siendo: E = 1,08 V   r = resistencia del baño

I = corriente ℓ = distancia entre electrodos

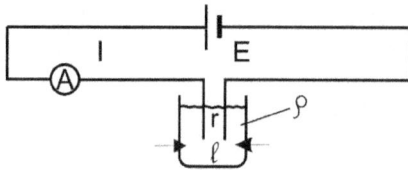

De donde:

$$r . I = \rho \frac{\ell}{s} . I = \rho . \ell . \frac{I}{s}$$

r . I = 22 . 20 . 0,02 = 8,8 V

U = 1,08 + 8,8 = 9,88 V

Mantener ésta tensión hasta que el cobre se deposite.

Para Níquel tenemos:

$U^1 = 2{,}01 + r^1 I$

$r^1 . I = 44 . 20 . 0{,}02 = 17{,}6$ V

$U^1 = 2{,}01 + 17{,}6 = 19{,}61$ V

Relaciones de tensión, corriente y resistencia en un sistema trifásico.

Siendo: U_f = tensión de fase U_L = tensión de línea

En el sistema conectado en estrella:

$$I_f = I_L \qquad U_f = \frac{U_L}{1{,}73} \qquad P_f = \frac{U_L . I_L . COS \varphi}{1{,}73}$$

P$_f$ = potencia por fase

En el sistema conectado en triángulo:

$$I_f = \frac{I_L}{1{,}73} \qquad U_f = U_L \qquad P_f = \frac{U_f . I_T . COS \varphi}{1{,}73}$$

En el sistema en estrella; siendo P$_T$ = potencia total, tenemos:

$$P_T = 1{,}73 . U_L . I_L . COS \varphi$$

$$P_T = 3 . P_f . 1{,}73$$

La resistencia R total del sistema con dos bobinas en serie es:

$$R = 2r = r_1 + r_2$$

En el sistema en triángulo:

$$P_T = 1,73 . U_L . I_L . \cos \varphi$$

$$P_T = 1,73 . 3 . P_f$$

La resistencia total de dos bobinas en serie es con otra en paralelo:

$$R = \frac{r_1 . (r_2 + r_3)}{r_1 + r_2 + r_3} = \frac{2}{3} R$$

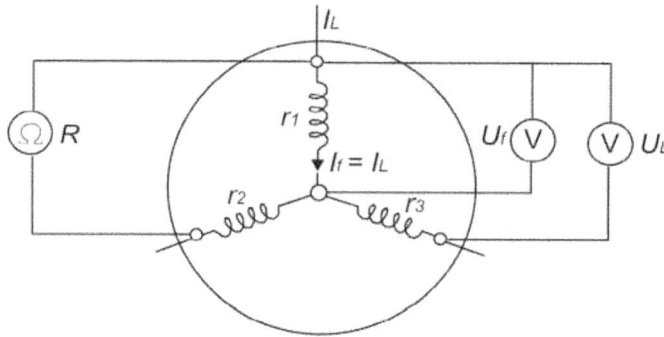

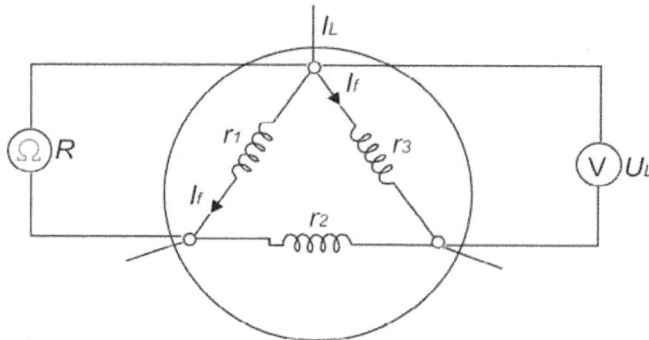

Relaciones de tensión, corriente y resistencia en un sistema trifásico.

Condensadores; cálculo de la magnitud de los condensadores.

<u>Para monofásica</u>

$Pr = \dfrac{U_f \cdot I_r}{1000} = \dfrac{U_f^2 \cdot w \cdot C}{1.000}$

P_r = potencia reactiva en KVAr
U_f = tensión de fase
I_r = intensidad reactiva

$C = \mu F$ $1\,F = 10^6\ \mu F$

I_r = $U_f \cdot w \cdot c$

$Pr = U f^2 \cdot w \cdot C \cdot 10^{-9}$ KVAr

C = faradios; $W = 2\pi f$
f = frecuencia

$C = \dfrac{Pr \cdot 10^9}{U f^2 \cdot w} = \mu F$

<u>Para trifásica</u>
En estrella:

$Pr = U_e^2 \cdot w \cdot C \cdot 10^{-9}$ KVAr

$C = \dfrac{Pr \cdot 10^9}{U_e^2 \cdot w} = \mu F/\text{fase}$

En triángulo:

$Pr = 3\,U_e^2 \cdot w \cdot C \cdot 10^{-9}$ KVAr

$C = \dfrac{Pr \cdot 10^9}{3 \cdot U_e^2 \cdot w} = \mu F/\text{fase}$

En conexión triángulo la capacidad es 1/3 de la conexión estrella.

Para corriente monofásica

Para corriente alterna $U_f = I_r \cdot \dfrac{1}{\omega C}$; $I_r = U_f \cdot w \cdot C$

C = capacidad del condensador

C debe expresarse en faradios

$$P_r = \frac{U_f \cdot I_r}{1000} = \frac{U_f{}^2 \cdot w \cdot C}{1000} \ \text{KVAr}$$

Si C se expresa en μF y $1F = 10^6 \ \mu$F

$$P_r = U_f{}^2 \cdot w \cdot C \cdot 10^{-9} \ \text{KVAr}$$

$$C = \frac{P_r \cdot 10^9}{U_f{}^2 \cdot w} \ \mu\text{F}$$

Para corriente trifásica en conexión estrella

I_l corriente de línea (reactiva capacitiva) es igual a I_r

$$U_f = \frac{I_r \cdot 10^6}{w \cdot C} \qquad\qquad I_r = U_f \cdot w \cdot C \cdot 10^{-6}$$

poniendo C en μF obtenemos para los 3 condensadores en estrella: $P_r = 3 \cdot U_f \cdot I_r \cdot 10^{-3} \text{KVAr}$

reemplazando I_r tenemos $P_r = 3 \cdot U_f{}^2 \cdot w \cdot C \cdot 10^{-9}$

y si $U_f = \dfrac{U_1}{\sqrt{3}}$ se obtiene $P_r = 3 \cdot \dfrac{U_1{}^2}{3} \cdot w \cdot C \cdot 10^{-9}$

$$P_r = V_2{}^2 \cdot w \cdot C \cdot 10^{-9} \ \text{KVAr}$$

el condensador de cada fase será:

$$C = \frac{P_r \cdot 10^9}{U_l{}^2 \cdot w} \ \mu\text{F/fase}$$

Para conexión triángulo

Por los condensadores circula la corriente de fase I_f que es igual a I_r (reactiva capacitiva).

$$U_l = I_r \cdot \frac{10^6}{w \cdot C} \quad ; \quad I_r = U_l \cdot w \cdot C \cdot 10^{-6}$$

Si C está en μF

La potencia total de los condensadores conectados en triángulo se obtiene con:

$$P_r = 3 \cdot U_l \cdot I_r \cdot 10^{-3} \ KVAr$$

$$P_r = 3 \cdot U_l^2 \cdot w \cdot C \cdot 10^{-9} \ KVAr$$

$$P_r = 3 \cdot U_l^2 \cdot w \cdot C \cdot 10^{-9} \ KVAr$$

el condensador de cada fase tendrá una capacidad:

$$C = \frac{P_r \cdot 10^9}{3 \cdot U_l^2 \cdot w} \ \mu F/fase$$

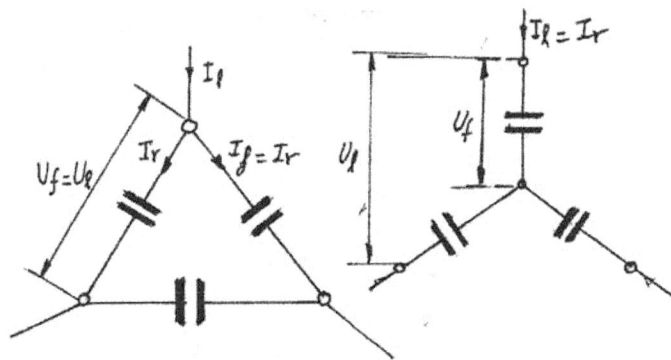

NOTA: En conexión triángulo cada condensador es una tercera parte del valor necesario en conexión estrella.

Cálculo de líneas.

Caídas de tensión

Ejemplo: longitud de línea 300m con una intensidad de 90A con $COS\varphi = 0,8$ a 380V trifásica, material del cable aluminio. Siendo Δu en volts la caída de tensión que tomaremos un 5% de la tensión de línea nominal para una alimentación de motores como ésta.

$$\Delta u = L \,.\, I \,.\, R \,.\, COS\varphi$$

R la tomamos en Ω/km para aluminio tomada de una tabla en Ct41 de EPEC (Manual para Instalaciones)

$$\Delta u = \frac{5 \,.\, 380V}{1,73 \,.\, 100} = 11V$$

Despejamos R para obtener la medida del cable necesario. Por lo tanto:

$$R = \frac{\Delta u}{L \,.\, I \,.\, COS\varphi} = \frac{11}{0,3km \,.\, 90A \,.\, 0,8} = 0,500\ \Omega/km$$

Para un cable de aluminio de:

70mm²   R = 0,43 Ω/km
50mm²   R = 0,652 Ω/km

Adoptamos el conductor de 70mm²

Si decidimos usar cobre tendremos:

35mm²   R = 0,49 Ω/km
25mm²   R = 0,659 Ω/km

Adoptamos el conductor de 35mm². En éste cálculo no hemos tenido en cuenta la reactancia de línea por considerarla muy baja.

Cálculo de reostatos.

Para corriente continua

Siendo: I = corriente absorbida por el motor a plena carga; E = tensión de régimen; R_i = resistencia del inducido.

$$I = \frac{736 \cdot HP}{E \cdot \eta}$$

$$R_i = \frac{I \cdot Z \cdot 0{,}02}{2_a \cdot S_i}$$

I = longitud media de una espira del inducido; Z = número de espiras del inducido; 0,02 = constante; 2_a = número de ramas en paralelo del conductor del inducido; S_i = sección del conductor del inducido en mm^2

Ejemplo: motor de corriente continua en conexión shunt 220V. 5HP. 1500rpm.

Para determinar la R_i se supone que la caída de tensión en la resistencia del inducido es 3 a 7% de E. hasta 1HP 7%; motor mediano 4%; grande 3 a 2,5%.
Para 4% la pérdida de tensión es:

$$220 \cdot 0{,}04 = 8{,}8V$$

$$R_i = \frac{8{,}8V}{20A} = 0{,}44\,\Omega$$

Si el motor debe arrancar a plena carga se conecta el primer contacto del reostato con una resistencia de:

$$220 \div 20A = 11\,\Omega$$

$$22 - 0{,}44 = 21{,}56\,\Omega$$

Si el reostato tiene 8 contactos con 7 escalones de resistencia tendremos:

$$10,56 \div 7 = 1,508\,\Omega$$

Este escalonamiento produce golpes bruscos y en el último contacto pasaría una I muy elevada.
Un escalonamiento admisible sería:

Escalonamiento

7	=	0,44	.	1,4	=	0,61 Ω
6	=	0,61	.	1,5	=	0,91 Ω
5	=	0,61	.	2	=	1,22 Ω
4	=	0,61	.	2,5	=	1,53 Ω
3	=	0,61	.	3	=	1,83 Ω
2	=	0,61	.	3,5	=	2,13 Ω
1	=	0,61	.	4	=	2,44 Ω
						10,67 Ω

Medición de resistencias con voltímetro y amperímetro.

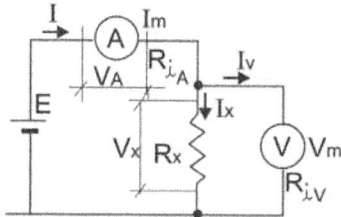

Conexión CORTA (R_x pequeñas)

$$I_x = I_m - I_v$$

$$R_x = \frac{V_x}{I_m - I_v}$$

Conexión LARGA (R_x elevadas)

$$V_x = V_m - V_A$$

$$I_x = I_m$$

$$R_x = \frac{V_m - V_A}{I_m} = \frac{V_m}{I_m} - \frac{V_A}{I_x} =$$

$$= \frac{V_m}{I_m} - R_{iA} \qquad R_{iA} = \frac{V_A}{I_x}$$

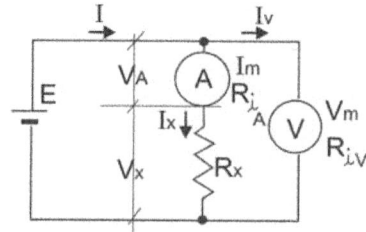

Consumo de artefactos eléctricos.

Calcularemos el consumo diario de los siguientes artefactos del hogar en una vivienda común:
Lavarropas automático de 2 Kw/h x 4 hs.; Estufa a cuarzo de 1,4 Kw/h x 8 hs.; Plancha de 1 Kw/h x 1 hs.; Computadora con impresora de 0,48 Kw/h x 3 hs.; Heladera con Freezer de 0,48 Kw/h x 1 hs y Televisor de 0,08 Kw/h x 6 hs.

Total diario = 26,92 Kw.

A un costo de 0,0763 $/Kwh tenemos un gasto de:
26,92 x 0,0763 = 2,05 $/día

En el mes tenemos:
2,05 x 30 = 61,50 $/mes
Al valor obtenido sumarle impuestos y cargos fijos.

Se tienen en un local comercial 5 lámparas de 100 W encendidas durante 8 hs., El gasto a 0,0763 $/Kwh es:

100 W x 8 hs x 0,0763 = 0,061 $

Si reemplazamos las lámparas de 100 W por sus equivalentes de bajo consumo de 20 W tenemos un gasto de:

20 W x 8 hs x 0,0763 = 0,012 $

el ahorro será:

0,061 - 0,012 = 0,049 $

CAPITULO II
PROTECCIONES Y SEGURIDAD ELÉCTRICA

Símbolos eléctricos de protección.

Para saber qué protección eléctrica tienen los aparatos que usualmente se manipulan es importante conocer los símbolos que a continuación seenuncian. Resulta fundamental entonces no sobrepasar la garantía de protección que representa cada símbolo, cuya equivalencia con la norma IEC 1444 se detalla en la segunda columna.

	Ip00	Ningún signo. Ninguna protección particular. Locales secos y excesivo polvo.
💧	IP.1	1 gota Protección contra una situación húmeda del aire y gotas de agua en caída vertical. Para locales húmedos y calientes.
▢💧	IP.3	1 gota dentro de un cuadro. Protección contra gotas de agua cayendo oblicuamente. 30° sobre la horizontal. Locales al aire libre.
△💧	IP.4	1 gota dentro de un triángulo. Protección contra gotas de agua en todas las direcciones. Para locales húmedos y calientes. Lugares al aire libre.
△💧 △💧	IP.5	2 gotas dentro de dos triángulos. Protección contra chorro de agua en todas las direcciones. Para locales mojados y embebidos de agua, donde se trabaja con chorro de agua fría.
💧 💧	IP.7	2 gotas. Estanco al agua. Protección contra infiltraciones de agua sin presión bajo el agua. Para locales mojados de agua. Bajo el agua sin presión.
💧 💧 ... a tü	IP.8	2 gotas con indicación de la sobre presión. Protección contra infiltraciones de agua bajo presión. Estanco de agua bajo presión. Para lavados de agua a alta presión.
✕✕	Ip5	Rejilla. Protección contra infiltraciones de polvo sin protección. Locales con polvo inflamable.
◈		Rejilla encuadrada. Estanco al polvo. Protección contra infiltraciones a presión. Locales con polvo inflamable.
▢		Dos cuadrados concéntricos. Protección contra contactos fortuitos de las piezas bajo presión. Para aparatos que deben manipularse bajo tensión para limpieza, accionamiento, traslado, etc.

Nota para tener en cuenta

Normas de Seguridad para mantenimiento.

Toda carga donde deba trabajarse debajo de ella se elevará con gatos pero se colocarán tacos de madera como soporte pudiendo retirarse el gato.

No perforar muros sin asegurarse que debajo no hay cables o caños.

Usar escaleras con tacos de seguridad antideslizante.

Las escaleras extensibles deben poder engancharse a puntos fijos.

FUSIBLES Y RELES TERMICOS PARA MOTORES

REGULACION DE RELES TERMICOS DE PROTECCION PARA MOTORES TRIFASICO

Potencia útil		220 V			380 V		
CV	kW	Intensidad Amp.	Regulación Mín.	Máx.	Intensidad Amp.	Regulación Mín.	Máx.
0,05	0,37	1,74	1,7	2,4	1,10	1,2	1,7
0,75	0,55	2,48	2,4	3,5	1,44	1,2	1,7
1	0,74	3,10	2,4	3,5	1,75	1,7	2,4
1,5	1,10	4,47	3,5	5,2	2,59	2,4	3,5
2	1,47	5,74	5,2	7,5	3,32	3,5	5,2
2,5	1,84	7,17	7,5	11	4,15	3,5	5,2
3	2,21	8,52	7,5	11	4,93	5,2	7,5
4	2,95	11,1	11	16	6,40	5,2	7,5
5	3,68	13,4	11	16	7,80	7,5	11
6	4,42	15,5	12,5	20	9,00	7,5	11
7	5,15	18,2	17	26	10,5	11	16
8	5,89	20,4	17	26	11,8	11	16
9	6,62	23,0	23	35	13,3	11	16
10	7,40	25,3	23	35	14,6	12,5	20
11	8,10	27,8	23	35	16,1	12,5	20
12	8,83	30,3	30	48	17,5	17	26
13	9,57	32,8	30	48	19,0	17	26
14	10,3	35,4	30	48	20,5	17	26
15	11,0	37,4	30	48	21,7	17	26
16	11,8	40,0	30	48	23,2	23	35
17	12,5	42,5	43	65	24,6	23	35
18	13,2	44,5	43	65	25,8	23	35
19	14,0	46,9	43	65	27,2	23	35
20	14,7	49,4	43	65	28,6	23	35
21	15,5	51,2	43	65	29,7	23	35
22	16,2	53,6	43	65	31,1	30	48
23	16,9	56,1	56	90	32,5	30	48
24	17,7	58,5	56	90	33,9	30	48
25	18,4	61,0	56	90	35,3	30	48
30	22,1	72,4	56	90	41,9	30	48
40	29,5	96,6	80	135	55,9	43	65
50	36,8	118	80	135	68,3	56	90
60	44,2	139	110	170	80,2	80	135
70	51,5	162	160	250	93,5	80	135
80	58,9	184	160	250	107	80	135
90	66,2	208	160	250	120	110	170
100	73,6	226	160	250	131	110	170
125	92	229	250	400	162	160	250
150	110	335	250	400	194	160	250
200	147	446	400	650	259	250	400

FUSIBLES Y RELES TERMICOS PARA MOTORES

INTENSIDAD APROX. DE PROTECCION Y DE FUSION DE ALAMBRES PARA FUSIBLES

Diámetro fusible mm.	Plomo-Estaño		Aluminio		Plata		Cobre	
	I protección Amp.	I fusión Amp.	I protección Amp.	I fusión Amp.	I protección Amp.	I fusión Amp.	I protección Amp.	I fusión Amp.
0,2	0,78	0,98	2,75	3,45	3,15	3,95	5,70	7,15
0,3	1,45	1,80	5,05	6,30	5,75	7,20	10,50	13,15
0,4	2,25	2,80	7,80	9,80	8,95	11,20	16,35	20,45
0,5	3,10	3,85	10,75	13,45	12,30	15,40	22,50	28,10
0,6	4,00	5,00	14,00	17,50	16,00	20,00	29,20	36,50
0,7	5,10	6,40	17,90	22,40	20,50	25,60	37,35	46,70
0,8	6,30	7,90	22,10	27,65	25,30	31,60	46,10	57,60
0,9	7,50	9,35	26,20	32,75	29,95	37,40	54,60	68,25
1,0	8,80	11,00	30,80	38,50	35,20	44,00	64,25	80,30
1,1	10,15	12,70	35,55	44,45	40,65	50,80	74,15	92,70
1,2	11,50	14,45	40,50	50,60	46,25	57,80	84,40	105,50
1,3	13,05	16,30	45,60	57,05	52,15	65,20	95,20	119,00
1,4	14,55	18,20	50,95	63,70	58,25	72,80	106,30	132,85
1,5	16,15	20,20	56,55	70,70	64,65	80,80	117,95	147,45
1,8	21,25	26,60	74,50	93,10	85,10	106,40	155,30	194,15
2,0	24,85	31,10	87,10	108,85	99,50	124,40	181,60	227,00
2,2	28,15	35,20	98,55	123,20	112,60	140,80	205,60	257,00
2,5	34,30	42,90	120,10	150,15	137,35	171,60	250,50	313,15
3,0	45,65	57,10	159,90	199,85	182,70	128,40	333,50	416,80

Las intensidades reseñadas en la tabla, corresponden a alambres fusibles de una longitud que varía de 60 a 120mm entre apoyos.

Si la distancia entre apoyos es de 10mm, la intensidad de fución es un 75% mayor que la indicada en la tabla.

Si la distancia entre apoyos varía entre 10 y 60mm, los valores de **fusión** se calcularán por comparación de valores con los dados en la tabla.

Cálculos de fusibles.

Diámetro del alambre de un fusible:

$$d = a \cdot \sqrt[3]{I^2}$$

d- diámetro del alambre en mm
a- coeficiente propio del material
I- intensidad en amperes

Coeficiente (a) para:

Cobre	0,0538
Plata	0,0652
Plomo	0,2046
Aleación plomo-estaño	0,2112

Intensidad que se fundirá un alambre fusible:

$$I = a \cdot \sqrt{d^2 \cdot b}$$

I- Intensidad de amper
d- diámetro del fusible en mm
b- coeficiente (en tablas)

Coeficiente (b) para:

Cobre	80
Plata	60
Plomo	10,8
Aleación plomo-estaño	10,3

Prueba de relays de protección en su circuito.

Comprobación de la batería o de la fuente de alimentación.
Inspeccionar una vez al mes.
Comprobación de relays.
Inspeccionar anualmente.
Comprobación del circuito de apertura interruptor.
Enviar corriente calibrada al relay y hacer actuar el interruptor. También cerrando manualmente el contacto de mando NA o NC. Comprobar anualmente.
Comprobación del circuito de medida de corrientes:
1- Comprobar que el primario del transformador de intensidad esté desenergizado y puesto a tierra. Si el T.I. permanece en servicio puentear el secundario antes de desconectar el circuito de relay y aparatos medidores.
2- Conectar una fuente AC variable al circuito.
3- Hacer circular 1A en el circuito medir con el amperímetro de pinza.
   T.I. = transformador de intensidad

4- Medir con el megohmetro la aislación del circuito (desconectar los elementos electrónicos antes de la medición).
5- Reapretar borneras y conexiones.

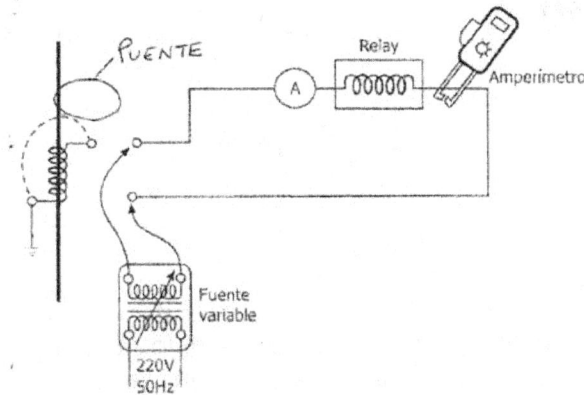

Prueba del transformador de intensidad:

1- Medición de aislación con el megger.
2- Comprobar la polaridad de bornes (para los TI que alimen-
   tan relays diferenciales y direccionales).

Procedimiento:

a) Determinar las indicaciones de polaridad de bornes
   (X_1 - X_2 - H_1 - H_2).
b) Conectar un mA de c.c. (escala 1mA en un VOM) en el
   bobinado secundario. Conectar el (+) del tester en el borne indicado X_1.
c) Conectar una batería de 6 a 12V al primario del TI. Poner
   el (-) en el terminal H_2.
d) Con el (+) conectado a través de un pulsador observar
   estando en H_1 la deflexión de la aguja del mA.
e) Si la aguja marca en sentido positivo los bobinados del
   TI están correctamente identificados.

   VOM = tester electrónico

3- Comprobar las relaciones de transformación del TI.

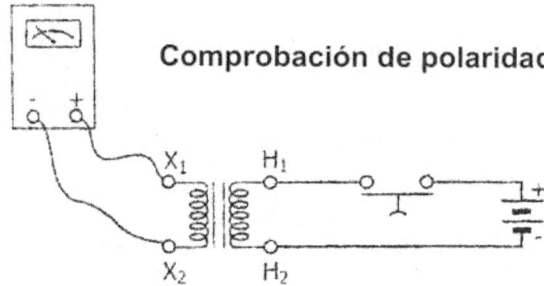

Comprobación de polaridad

a) Conectar una tensión a.c. al secundario y medir el voltaje en el primario. La relación de transformación de corrientes es la recíproca de las tensiones aplicadas, es decir: para un 600/5A tenemos, aplicando 120V c.a. al secundario medimos 1V en el primario por lo tanto:

$$\frac{V_s}{V_p} = \frac{120}{1} \qquad \frac{I_p}{I_s} = \frac{600}{5} = \frac{120}{1}$$

O sea verificamos la relación por medida de tensión.

Prueba de relación de transformación

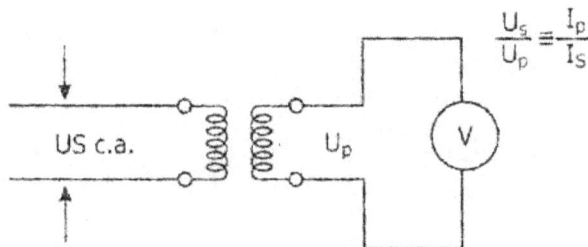

$$\frac{U_s}{U_p} = \frac{I_p}{I_s}$$

Verificación de la resistencia de una puesta a tierra con jabalina.

R_A resistencia a verificar
R_B y R_C jabalinas auxiliares
Método de voltímetro y amperímetro

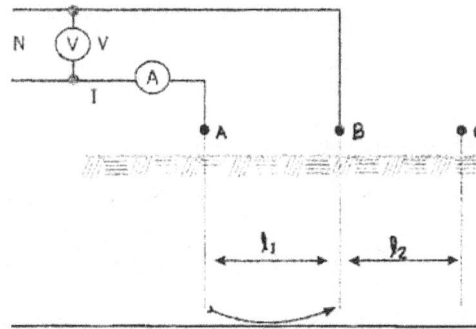

Resistencia entre A y B

$$R_{AB} = \frac{V}{I}$$

$R_{AB} = R_A + R_B$
$R_{BC} = R_B + R_C$
$R_{AC} = R_A + R_C$

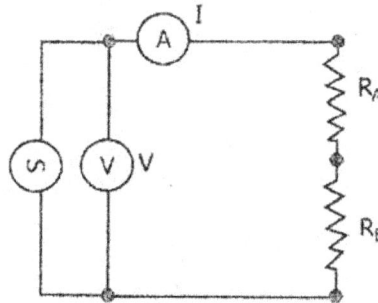

$R_B = R_{BC} - R_C$ $\qquad$ $R_C = R_{BC} - R_B$
$R_{AB} = R_A + R_{BC} - R_C$
$R_{AC} = R_A + R_{BC} - R_B$
$R_{AB} + R_{AC} = 2 R_A + 2 R_{BC} - R_C - R_B$

$R_{AB} + R_{AC} = 2 R_A + 2(R_B + R_C) - R_C - R_B = 2 R_A + R_B + R_C = 2 R_A + R_{BC}$

$$R_A = \frac{R_{AB} + R_{AC} - R_{BC}}{2}$$

Ensayo de aparatos electrodomésticos; según exigencias de la Norma IRAM Nº 2092.

Ensayo de continuidad a tierra.

Verificación de la resistencia de paso entre parte metálicas de la carcasa y bastidor y la conexión **a borne** de tierra. Partes de mala conductividad son tornillos, remaches y partes pintadas.
Buena conductividad son las partes soldadas.

Todas las partes metálicas del artefacto deben tener continuidad eléctrica con el conductor **de tierra.**

Tenemos buena continuidad en las soldaduras y deficiente en uniones por tornillos y remaches por la pintura o juntas. La resistencia no debe ser mayor a 0,1 Ohm.

$$R \leq 0,1\Omega = \frac{V}{I}$$

V   tensión leída en el voltímetro
I   intensidad leída en el amperímetro

Nota: La descripta es una prueba dinámica que necesita una fuente de potencia que pueda entregar los amperes de un "casi cortocircuito", los cuales circularán entre uniones de chapa, remaches y bulones de unión de armazones resistentes de soporte de motores, tambores de lavadoras, cajas de transmisión por engranajes.

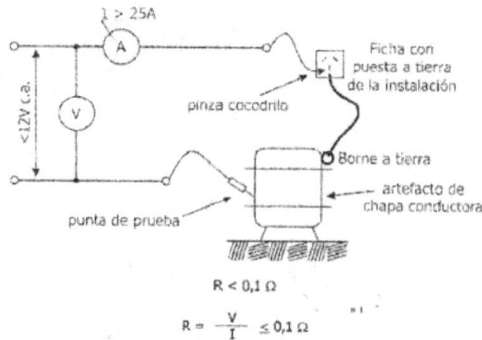

R < 0,1 Ω

$$R = \frac{V}{I} \leq 0,1 \, \Omega$$

Normas de Seguridad Industrial

Toda instalación será considerada bajo tensión mientras no se compruebe lo contrario con instrumentos de medida.
Deben conectarse a tierra las fases.
Todo voltaje debe considerarse peligroso.
Los interruptores o seccionadores estarán inmovilizados con candado y cartel de aviso.
Antes de operar un interruptor en apertura o cierre verificar y observar las condiciones del circuito (tensión, intensidad, carga.)
Los interruptores y seccionadores deben operarse con rapidez sin titubeos al estar seguros de las condiciones del circuito.
Para sacar fusibles los interruptores deben estar abiertos.
Las maniobras en circuitos eléctricos deben hacerse con tableros cerrados y tapas colocadas.
Los cables de prolongación serán del tipo doble aislante.

Al trabajar con capacitores proceder a descargarlos.
Usar herramientas con mangos aislados y cinta métrica no metálicas.
Los objetos metálicos de cualquier tipo deben mantenerse alejados de campos magnéticos.
No usar escaleras metálicas en zona de tableros y máquinas eléctricas.
No deben trabajar personas solas en zonas de tableros y barras, sean de B.T. o de Alta Tensión.
En barras de A.T. donde se debe comenzar a trabajar se procede a verificar la ausencia de tensión con un detector que es un tubo de material aislante de un largo según la tensión a detectar con una lámpara de neón en su extremo.
Si hay tensión al arrimar el tubo se enciende la lámpara.

Normas de Seguridad para Mantenimiento.

Toda carga donde deba trabajarse debajo de ella se elevará con gatos pero se colocarán tacos de madera como soporte pudiendo retirarse el gato.
No perforar muros sin asegurarse que debajo no hay cables o caños.
Usar escaleras con tacos de seguridad antideslizante.
Las escaleras extensibles deben poder engancharse a puntos fijos.

Fusibles NH

Fusibles de lámina extintora NH o NT Baja Tensión.

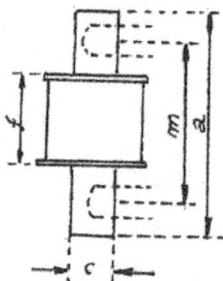

Dimensiones para tamaños

mm	00	1	2
a	78,5	135	150
c	15	21	27
f	49	68	68
m	56	95	105

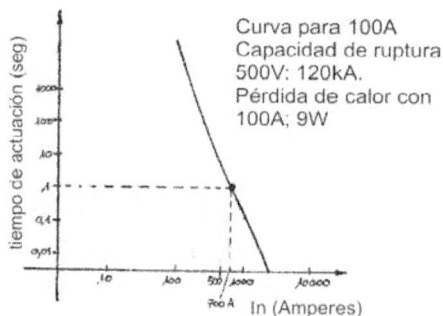

Curva para 100A
Capacidad de ruptura
500V: 120kA.
Pérdida de calor con
100A; 9W

Selección de fusibles: un tamaño 1 para 100A actúa desconectando en 1 segundo una corriente de corto circuito In = 700A tomada en escala logarítmica. Son lentos en sobrecargas y rápidos en corto circuito.

Relé electrónico de sobrecarga.

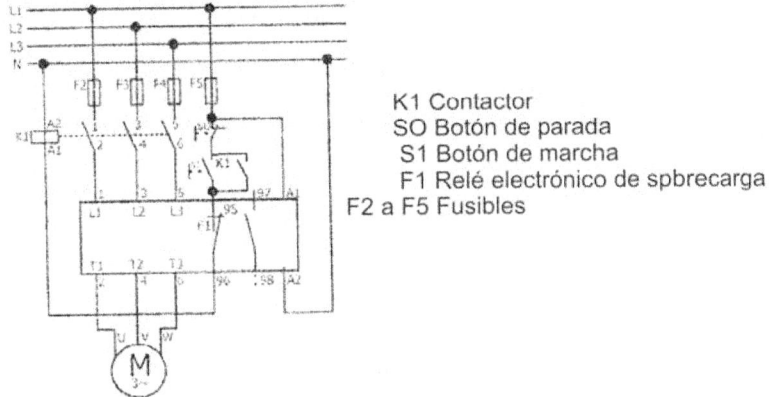

K1 Contactor
SO Botón de parada
S1 Botón de marcha
F1 Relé electrónico de spbrecarga
F2 a F5 Fusibles

Resistencia de aislamiento y de contacto a tierra.

La resistencia de aislamiento de contacto a tierra de los conductores debe ser por lo menos de 1000 veces la tensión de servicio (según normas de Alemania). La corriente que circularía sería de 1 mA que es incapáz de provocar daños.

Si tenemos una red con 1000 instalaciones conectadas, cada una con una R de aislamiento de 500 KΩ al estar todas en paralelo la R resultante será la milésima parte, o sea 500Ω Si la tensión es de 220 Volts tendremos aún sin consumos conectados en la red una corriente de:

$$\frac{220\,V}{500\,\Omega} = 0,44\,A$$

En las figuras adjuntas: si $R_p = R_n$ las tensiones $U_p = U_n$

Si $R_p > R_n$ tendrems : $U_p > U_n$

Si un cuerpo C está unido entre el polo negativo y tierra. Su resistencia R_c estará en paralelo con R_n. La corriente I se bifurca entre R_n y R_c. Si la I_c vale 5 mA no es un caso peligroso, pero si su valor crece a 20 ó 30 mA puede ser mortal.

Ejemplo: Si en la figura adjunta R_n = 10 KΩ y R_p = 5 KΩ siendo U = 220 V. La corriente de circulación por falla de aislamiento, será:

$$I_p = I_n = \frac{U}{R_p + R_n} = \frac{220V}{10\,K\Omega + 5\,K\Omega} = 0{,}0147A$$

La U_n será:
$$U_n = I_n \cdot R_n = 0{,}0147 \cdot 10\,K\Omega = 147V$$

Y la U_p será:
$$U_p = I_p \cdot R_p = 0{,}0147 \cdot 5\,K\Omega = 73V$$

Resistencia de aislamiento y de contacto a tierra.

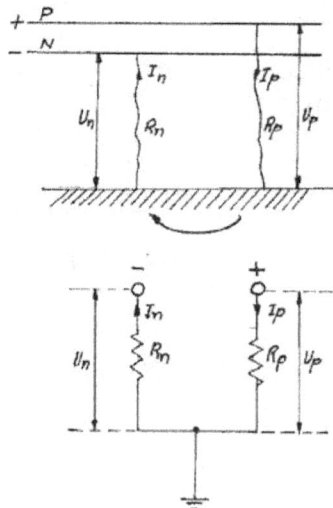

Resistencia de aislamiento y de contacto a tierra.

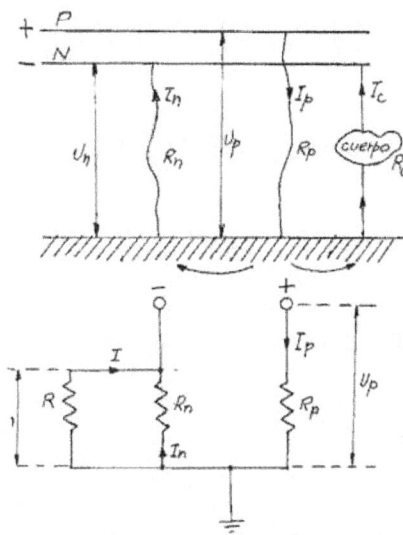

Separación de Barras.

Para el diseño de tableros.

Distancias mínimas entre barras desnudas para interior con potencia máxima de 150kVA.

Datos de Westinghouse.

Distancias para evitar la formación de arcos. Conductores soportados sobre un panel aislante.

Tensión	Dist. entre polos opuestos
50V	1cm
125V	1,5cm
250V	2cm
600V	3cm
3500V	8cm

Tensión	Dist. entre fase y tierra
50V	1cm
125V	1,5cm
250V	2cm
600V	3cm
3500V	8cm

Para potencias mayores aumentar desde 1,5cm hasta 3cm.
Para conductores desnudos en el aire las distancias son:

Tensión	Dist. entre fases	A tierra
Menos de 6000V	15cm	15cm
45000V	75cm	50cm

Instalación en interiores.
Distancia entre conductores:
-Para cada kV   10cm + 1cm
-Para 2 kV   10cm + 2cm
Distancias a tierra.
-Para cada kV   10 + 1cm
-Para cada 2 kV   10 + 2cm
Pero se admite también:
-Para cada kV   8cm + 0,6/kV
-Para cada 2 kV   8cm + 1,2cm
Datos del reglamento Español para las estaciones transfor-
madoras.

CAPITULO III
APARATOS DE MANIOBRA

Electroimanes.

Cálculo del circuito de excitación

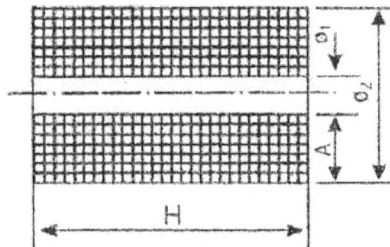

DATOS

U = Volts
I = Amp.
$\varnothing_1$ = mm.
$\varnothing_2$ = mm.

Amperes vueltas NI deseados.

Cálculo de la longitud media de una espira:

$$\varnothing m = \frac{\varnothing_1 + \varnothing_2}{2} \quad ; \quad l_m = \pi \cdot \varnothing m$$

Resistencia necesaria:

$$R = \frac{U}{I} = \frac{Volts}{Amp} = \Omega$$

Vueltas:

$$N = \frac{NI}{I} = \frac{A/v}{Amp} = vueltas$$

Largo de alambre:

$$L = N. \varnothing m . \pi = N . l_m = mts$$

Elección del alambre:

$$R = \frac{R_{nec}}{L} = \Omega / m$$

Elegimos el alambre que tenga los Ω/m más parecidos.
Verificamos la densidad de corriente tomando 6A/mm².
La intensidad máxima será:

$$I_{máx} = d . s$$

s = mm² alambre
d = A/mm² (densidad de corriente)

Capas de bobinado:

$$N° \ capas = \frac{A}{\varnothing alambre}$$

$$Espiras \ por \ capa = \frac{vueltas \ tot.}{N° \ capas}$$

$$H = \varnothing alambre . Espiras/capa$$

Seleccionar del folleto ZOLODA un electroimán tragante para una fuerza de 11 kg para conectar a 220V de corriente alterna y trabajo intermitente. Expresar todos los datos y dimensiones en la solución.

Adoptamos el modelo I-1 que consume 660VA con una fuerza de 15 kg. Se conecta a bornes A y B.

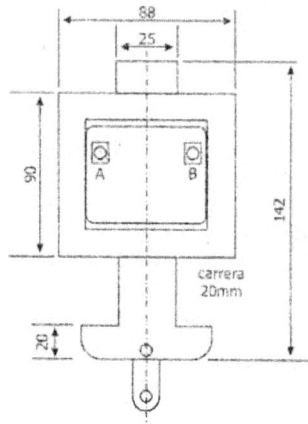

Electroimán de C.C. para Grúa

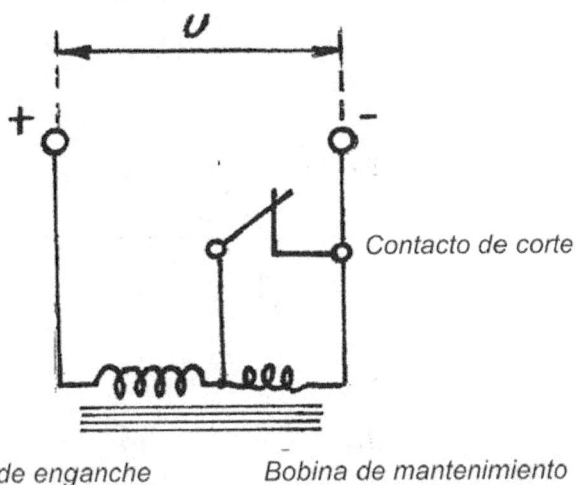

Bobina de enganche   Bobina de mantenimiento

La bobina de enganche tiene una $R\Omega$ baja y produce AV para atraer el núcleo con Q nominal.

La bobina de mantenimiento tiene $R\Omega$ alta; con núcleo atraído se abre al contacto de corte y entran en serie ambas bobinas con una I baja con poco calentamiento.

El contacto de corte es de accionamiento por palanca de acuerdo al desplazamiento del núcleo.

R= resistencia ohmica de la bobina

Q= fuerza necesaria para accionar freno de grua.

Electroimán de corriente continua.

Efecto de una R en derivación con una bobina de corriente continua.

Introduce temporización.

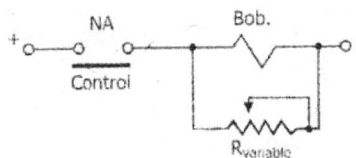

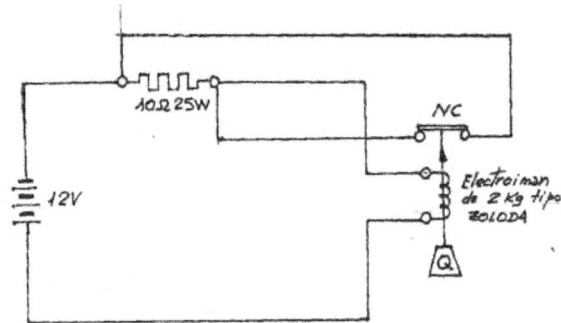

Electroimán para c.c. con resistencia economizadora y contacto NC

Alimentación de una bobina para contactor.
Dispositivo para eliminar vibraciones anormales.

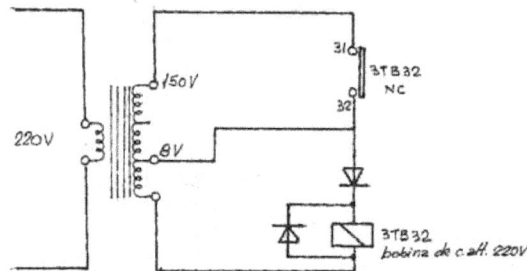

Alimentación con c.c. de una bobina de contactor tamaño 3TB32 cierre con un impulso de 150V y retención con 8V al abrir el NC

NOTA: la bobina es para corriente alterna de 220 volts.

Contactor de corriente continua.

Capacidad = corriente nominal durante 8 horas sin sobrecalentamiento.
Normas NEMA: permiten 65°C para contactos sólidos, 50°C para derivaciones, trenzas y bobinas y 90°C para bobinas serie de soplado.

Los contactores de c.c. no están diseñados para interrumpir corriente de corto circuito.
Para sobrecarga de motores pueden interrumpir de 4 a 10 I_n ó 15 I_n en un segundo.
I_n = intensidad nominal del motor
Clasificación según NEMA

Tipo	I_n	CV en 230V	
1	25	5	
2	50	10	
3	100	25	
4	150	40	$t_{amb} = 40°$
5	300	75	
6	600	150	
7	900	225	sobrecarga 1,5
8	1350	350	
9	2500	600	

Para servicio intermitente: 1,33 I_n de la clasificación.

Para accionar relés de c.c. se usan condensadores en paralelo con los contactos para evitar daños por inductividades (0,5 a 1 μF).

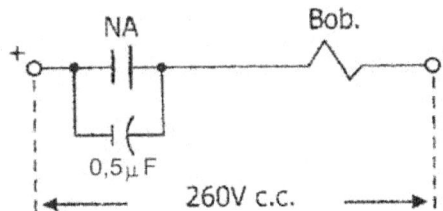

Verificación de un puente rectificador.

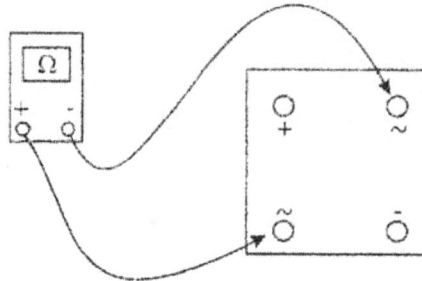

VALORES OBTENIDOS								
Bornes Ohmetro		**Borne del puente**				**Valor de**	**ESTADO**	
+	**-**	**+**	**-**	**~**	**~**	**RΩ**	**Bueno**	**Malo**
~	~			~	~	0 ó ∞	Si	
~	~			~	~	∞	Si	
+	~	+		~		R	Si	
-	~		-		~	baja	Si	
+	~	+		~		baja	Si	
-	~		-		~	alta	Si	
-	+	+	-			mucha R	Si	
+	-	+	-			poca R	Si	

Tabla de resultados de la medición.

Verificación de un tiristor.

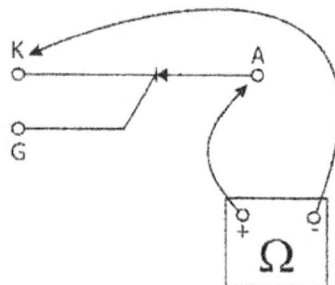

Entre A y K la R = ∞ aunque se invierta el ohmetro
Con (+) a K y (-) a G la R = ∞
Con (+) a G y (-) a K la R = 0
Con (+) a B y (-) a G la R = ∞
Con (+) a G y (-) a A la R = ∞

∞ = resistencia de valor infinito

Prueba de Diodos.

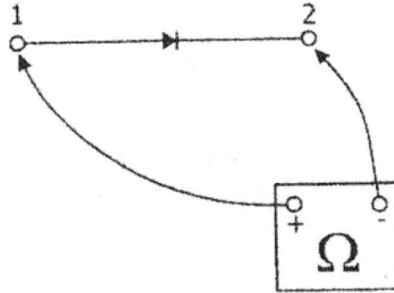

Si la circulación es libre desde ánodo a cátodo o desde cá-todo a ánodo, el diodo está averiado.

Con (+) a 1 y (-) a 2 la R = ∞ ; está abierto
Con (+) a 2 y (-) a 1 la R = ∞ ; está abierto
Con (+) a 2 y (-) a 1 la R = 0 ; está en corto circuito
Con (+) a 1 y (-) a 2 la R = 0 ; está en corto circuito

Puente de onda completa monofásico GRAETZ

Las corrientes en el circuito para un instante dado son:

$$I_1 = I_2 = I_c$$

La tensión secundaria sin carga debe ser:

$$U_2 = 1,11 \ U_c$$

La potencia total del transformador como mínimo debe ser:

$$P_T = U_2 . I_2 = 1,11 \ P_c$$

De la tabla en Electrotecnia General y Aplicada por E. Kubler tomamos:

$K = 0,7$

$I_2 = I_c$

$I_1 = I_c$

$P_2 = 1,11 \, U_c \cdot I_c$ (potencia del bobinado secundario)

$P_1 = 1,11 \, U_c \cdot I_c$ (potencia del bobinado primario)

$P_T = 1,11 \, U_c \cdot I_c$ (potencia de construcción)

$I_1 = 0,5 \, I_c$ (intensidad en una rama de diodos)

$U = 1,57 \cdot U_c$ (tensión de bloqueo)

$W = 48,3\% \cdot U_c$ (ondulación de la tensión continua con carga ohmica en %)

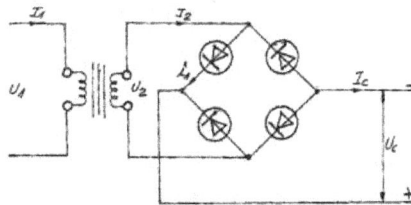

Conexión en puente monofásica Graetz para rectificadores

Eef	Tensión continua eficaz de salida
Emáx	Tensión pico continua de salida
Epi	Tensión pico inversa por rama rectificador
Ecc	Tensión continua media de salidad
Us	Tensión eficaz secundaria por rama de línea
Usl	Tensión eficaz secundaria de línea
Io	Corriente continua media por rama rectificador
Imáx	Corriente pico por rama rectificador
Ief	Corriente eficaz por rama rectificador
Icc	Corriente continua media de salida
Is	Corriente eficaz secundaria transformador
Ip	Corriente eficaz primaria por rama del transformador
Ipl	Corriente eficaz primaria de línea (relación 1:1)
VAs	Potencia aparente por rama secundaria transformador
VAp	Potencia aparente primaria transformador
Pcc	Potencia de salida corriente continua
cos φ	Factor de potencia primario
Fus	Factor de utilización secundario
Fup	Factor de utilización primario
%r	Ripple o Zumbido
Fr	Frecuencia de ripple
ξ	Coeficiente de eficiencia
C.T.	Centro transformador
N.	neutro

Ver tabla de valores a continuación:

TABLA DE CONSTANTES
DE LOS CIRCUITOS RECTIFICADORES

Tipo de Circuito — Transformador IEC (VDE)		1/2 onda (NO)	con punto medio (NO)	puente (NO)	Tipo de Circuito	R / L	1/2 onda	con punto medio	puente
m		1	2	4	Imáx=Icc x	L	3,14	1,57	1,57
Eef=Ecc x	RL	1,57	1,11	1,11	Imáx=Io x	R	3,14	1,00	1,00
Emáx=Ecc x	RL	3,14	1,57	1,57	Imáx=Io x	L		3,14	3,14
Epi=Ecc x	RL	3,14	3,14	1,57	Is=Icc x		1,57	2,00	2,00
Epi=Ecc x	C	2	2	1	Ip=Icc x		1,57	0,707	1,00
Epi=Us x	RL	1,41	2,828	1,414	$Ipi(1.1)=Icc\ Us \times Upi$		1,57	1,00	1,00
Epi=Usl x	RL	1,41	1,41	1,41	Fr=f x		1	2	2
Ecc=Us x	RL	0,45	0,900c.l	0,9	% ?	R	121	47	47
Ecc=Us x	C	1,414	1,414c.t.	1,414	VAs=Pc x	R	3,49	1,75	1,23
Eef=Us x	RL	0,707	1	1	VAs=Pc x	L	3,14	1,57	1,11
Us=Ecc x	RL	2,22	1,11c.t.	1,11	Vap=Pc x	R	3,49	1,23	1,23
Us=Ecc x	C	0,707	0,707c.t.	0,707	Vap=Pc x	L	3,14	1,11	1,11
Usl=Ecc x	RL	2,22	2,22	1,11	$COS\varphi=$		0,287	0,900	0,900
Ecc=Eef x		0,635	0,9	0,9	Fus=	R	0,297	0,574	0,813
Ecc=Emáx x		0,318	0,636	0,636	Fus=	L		0,636	0,90
Io=Icc x	RLC	1	0,5	0,5	Fup=	R	0,57	0,813	0,813
Ief=Ico x	R	1,57	0,785	0,785	Fup=	L		0,90	0,90
Ief=Icc x	L		0,707	0,707	$\xi=$		40,6	81,2	81,2

Transformador para tablero de mando.

Tensiones primarias 220V:380V $\pm$ 5%
Tensiones secundarias 24V $\pm$ 5%
Aislación de construcción entre bobinas: 2500V

S   =   potencia de mantenimiento de contactos
S_e =   potencia de cierre de contactos
P_p =   potencia permanente
P_c =   potencia permanente + potencia de conexión
P_a =   potencia de lámparas de señal
$\cos\varphi$ =   factor del circuito de potencia

$$P_p = \sqrt{(S \cdot \cos\varphi \cdot + P_a)^2 + (S \cdot \operatorname{sen}\varphi)^2}$$

$$P_c = \sqrt{[(S + S_e) \cdot \cos\varphi + P_a]^2 + [(S + S_e) \cdot \operatorname{sen}\varphi]^2}$$

S_e = 5 hasta 12 . S . en VA

Ejemplo de aplicación:
10 contactores de 20VA $\cos\varphi$ = 0,4 senφ = 0,91
 8 contactores de 30VA $\cos\varphi$ = 0,4 senφ = 0,91
18 lámparas de 5W

NOTA: por períodos cortos hay conectados 9 de 20VA y 7 de 30VA

$$S = 9 \cdot 20 + 7 \cdot 30 = 390VA$$
$$S_e = (20 \cdot 10) + (30 \cdot 10) = 500VA$$

Tomando potencia de conexión diez veces la de mantenimiento.

$$P_a = 18 \cdot 5 = 90W = 90VA$$

$$P_c = \sqrt{[(390 + 500) \cdot 0,4 + 90]^2 + 390 + 500) \cdot 0,91]^2} = 925VA$$

$$\cos\varphi_T = \frac{[390 + 500) \cdot 0,4 + 90]}{925} = 0,48$$

Se elige un transformador 380V/24V de 1000VA.

Cálculo de la potencia de un transformador para tablero de contactores.

Tablero con 10 contactores bobinas 20VA continuos; 8 de 30VA y 18 lámparas de señal de 5W.
Factor de potencia de contactores $\cos\varphi = 0,40$ $\sen\varphi = 0,91$
Simultaneidad: conectados 9 de 20VA y 7 de 30VA
Tensión de trabajo bobinas = 24V

Sobrecarga en el arranque, excitación de cierre:
contactor de 20VA . 10 = 200VA
contactor de 30VA . 10 = 300VA

Potencia de mantenimiento cerrados los contactores en forma continua:
$$P = (p . 20) + (7 . 30) = 390VA$$

Potencia de cierre de excitación inicial; de un contactor de cada tipo:
$$P = 20 . 10 + 30 . 10 = 500VA$$

Potencia de lámparas:
$$P = 18 . 5W = 90W = 90VA \, (\cos\varphi = 1)$$

Potencia requerida total del mando o sistema:
$$P_T = \sqrt{[(390 + 500) . 0,40 + 90]^2 + [(390 + 500) . 0,91]^2} = 925VA$$

En esta fórmula los términos son:
$$P_T = \sqrt{[(P_{mant.} + P_{exc.}) . \cos\varphi + P_{Lamp.}]^2 + [(P_{mant.} + P_{exc.}) . \sen\varphi]^2}$$

El factor de la potencia de la instalación sería:
$$\cos\varphi = \frac{P_{mant.} + P_{excit.} . \cos\varphi + P_{Lamp.}}{P_T} \quad \frac{WATTS}{VA} = \frac{890.0,40 + 90}{925} = 0,48$$

Adaptamos un transformador abierto acorazado trifásico 380/24V potencia 1000VA con 1$_{ario}$ y 2$_{rio}$ separados galvánicamente con 2500V de aislación armadura conectada a tierra.

Mando de motores.
Selección de aparatos de maniobra para motores.

Motor monofásico arranque directo
Intensidad a plena carga = 10A.
Colocar:

>   Relé de sobreintensidad = 12,5A
>   Fusibles = 30A
>   Interruptor = 2 x 30A

Motor trifásico de arranque directo, jaula de ardilla
Intensidad a plena carga = 24A
Colocar:

>   Relé de sobreintensidad = 30A
>   Fusibles = 80A
>   Interruptor = 3 x 70A

Motor trifásico jaula de ardilla arranque por autotransformador
Intensidad a plena carga = 24A
Colocar:

>   Relé de sobreintensidad = 30A
>   Fusibles = 60A
>   Interruptor = 3 x 50A

Regulación de velocidad de motores de corriente continua.

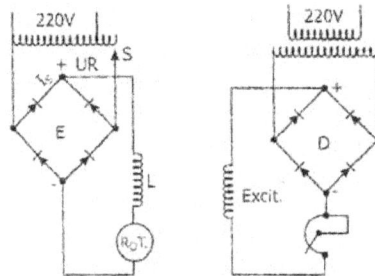

El circuito utiliza un autotransformador variable de 220V monofásico con un puente de onda completa de diodos rectificadores de tipo Graetz.

Aplicación

Accionamiento de un motor 1,5CV = 1,104kW, 220V c.c., 6,6 Amperes.

P_{cc} = 220 . 6,6 = 1,452 kW

$\eta = \dfrac{1,104}{1,452} = 0,76$

Para un puente GRAETZ la tensión V_l es:

V_l = 1,11 . 220 = 244,2V
I_s = 0,71 . 6,6 = 4,686A
P_t = 1,11 . 220 . 6,6 = 1611,72W
$\qquad P_t$ = 1,61kW

Cálculo del autotransformador necesario.

$M = \dfrac{V\ baja}{V\ alta} = \dfrac{150}{220} = 0,68$

P_t = 0,3 . 1,61 = 0,483kW

$\qquad P_t \cong$ 0,5 kW (valor adoptado)
220 - 150 = 70V ; 70V . 6,6 = 462 W
$\qquad P_t$ = 0,462 kW (valor verificado)

para 500VA corresponde:
$\qquad$ Superficie del núcleo = 22,5cm^2
Número de espiras por Volt = 2
Número total de espiras = 220 . 2 = 440
para d = 2,3 A/mm^2 ; Icc = 6,6A
corresponden 2,1mm^2, con∅ = 1,63mm, doble capa.
d = densidad de corriente adoptada

La superficie del núcleo será:

$$Sn = \frac{1}{13000} \sqrt{\frac{0,5 \cdot 250 \cdot 10^{11}}{4,44 \cdot 50}} =$$

= 18,20cm^2 de sección neta del núcleo. Teniendo en cuenta el aislante entre chapas con un coeficiente 1,2

$$S_n = 1,2 \cdot 18,2cm^2 = 21,84cm^2$$

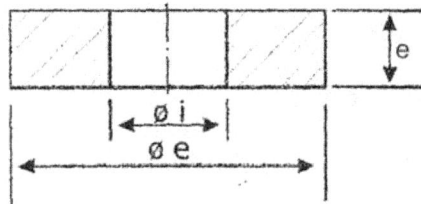

Un VARIOTRON de 0,5 kW para 1,5 CV
$\emptyset i$ = - - - - - - $\emptyset e$ = 170 e = 100mm.

POTENCIA ÚTIL = 250VA
Sección neta del núcleo A_h = 11,85cm^2
Peso del núcleo G_{fe} = 2,35 kg

Número de chapas de 0,5mm = 58
Número de chapas de 0,35mm = 97
Tensión por espira = 0,343V/espira
Espiras por voltio = 2,92
Densidad de corriente máxima d = 2,2A/mm^2
Caída de tensión a plena carga = 6%
Peso del cobre = 1,7kg

Arranque Directo.

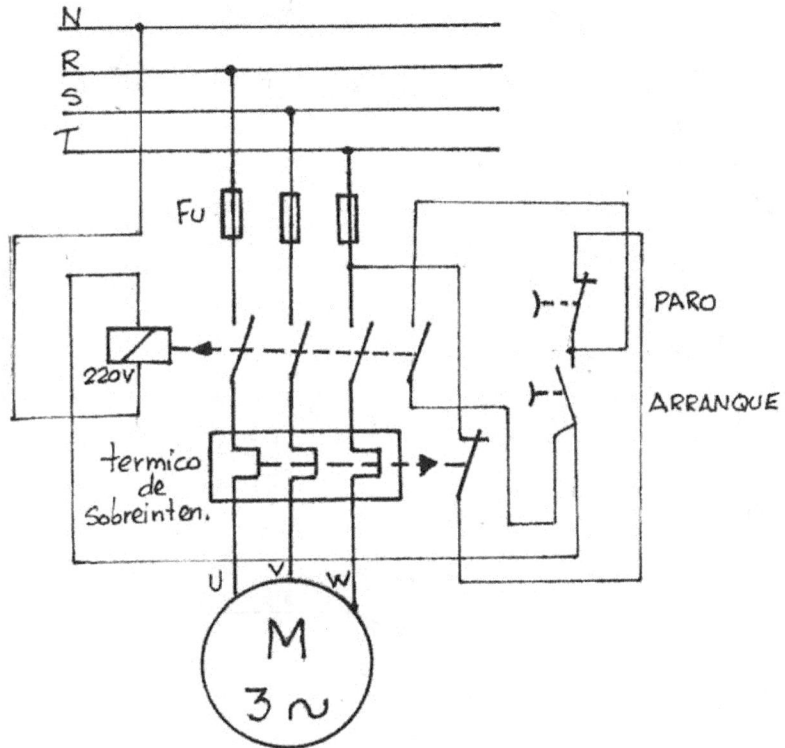

Arranque directo por contactor

Arranque Estrella Triángulo.

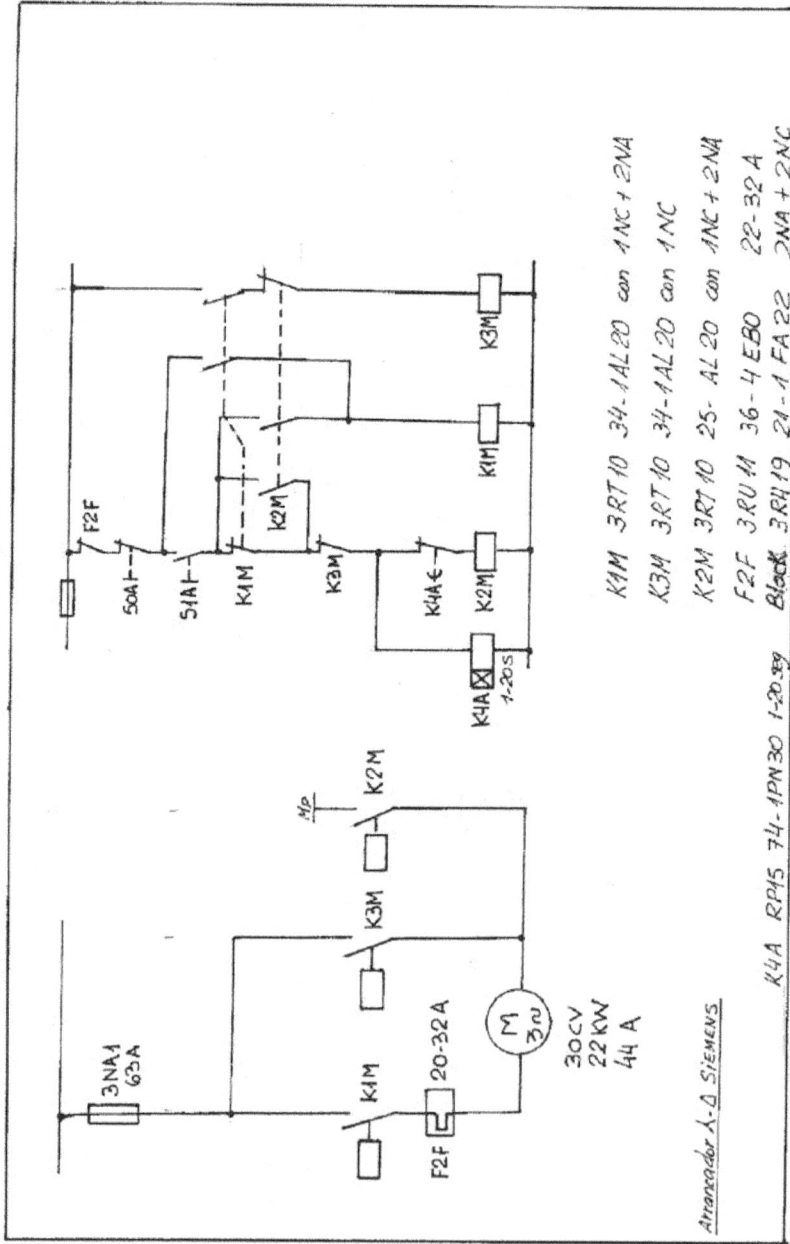

Arranque Estrella Triángulo — Arrancador Y-Δ Siemens

K1M 3RT10 34-1AL20 con 1NC + 2NA

K3M 3RT10 34-1AL20 con 1NC

K2M 3RT10 25- AL20 con 1NC + 2NA

F2F 3RU 11 36-4 EB0 22-32 A

Block 3RH 19 21-1 FA 22 2NA + 2NC

K4A RP45 74-1PN30 1-20.3g

M 3~   30CV   22 KW   44 A

3NA1 63 A

F2F 20-32 A

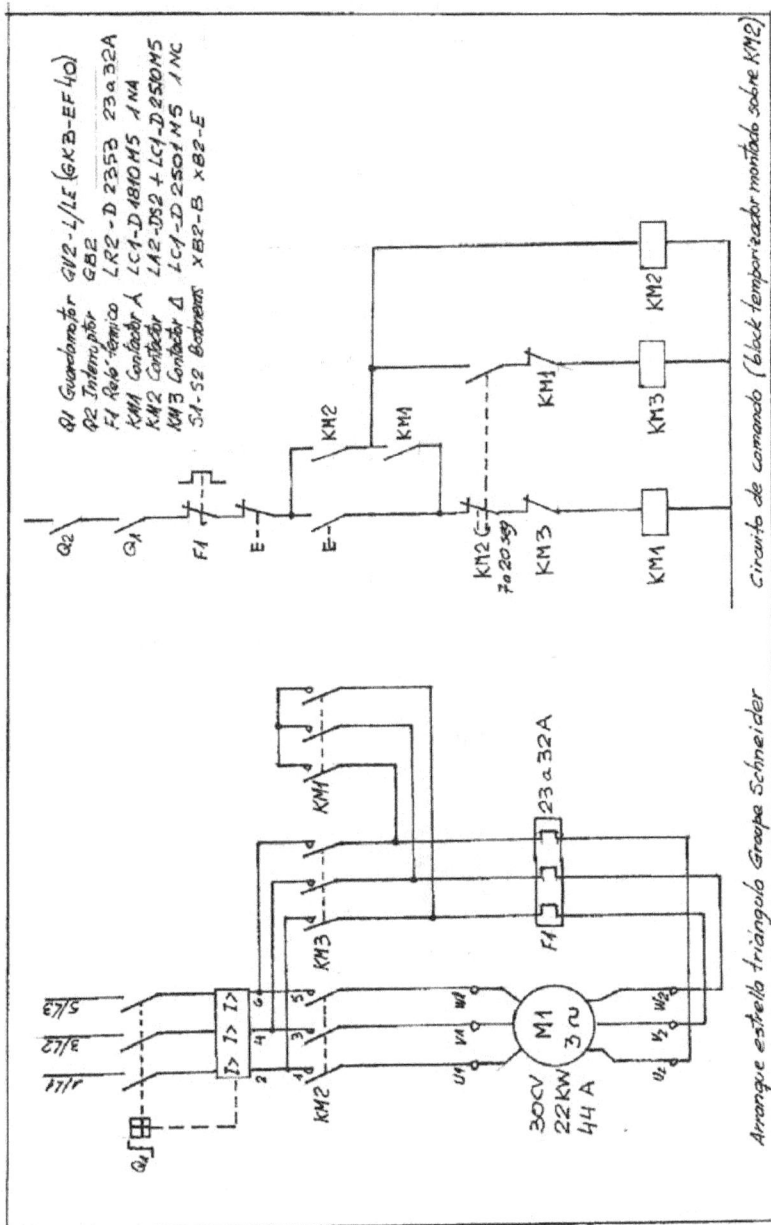

Circuito de comando (block temporizador montado sobre KM2)

Arranque estrella triángulo Groupe Schneider

Q1 Guardamotor GV2-L/LE (GV2-EF40)
Q2 Interruptor GB2
F1 Relé térmico LR2-D2353 23 a 32A
KM1 Contactor Λ LC1-D18 1M5 1 NA
KM2 Contactor LA2-DS2 + LC1-D25 1M5
KM3 Contactor Δ LC1-D25 1M5 1 NC
51-52 Botones XB2-B XB2-E

M1
3 ~
30CV
22KW
44 A

23 a 32A

Diseño de un arrancador estrella triángulo.

Determinar la sección de los conductores y la capacidad de los fusibles que deben instalarse para un motor trifásico de rotor en corto circuito con arranque por conmutador *estrella-triángulo* de las siguientes características:

P_m = 7,5kW   1599v/min   220V en *triángulo*

Corriente de arranque directo 7,2 . I_n η_m = 87%   COSγ = 0,87

$$I_n = \frac{P_m}{\sqrt{3} \cdot U \cdot \eta \cdot COS\gamma} = \frac{7,5}{\sqrt{3} \cdot 0,22 \cdot 0,87 \cdot 0,87} = 26,1A$$

I_A = 7,2 . 26,1A = 188A

Arrancando en *estrella* tomará:

I_A *estrella* = 0,33 . 188 A = 63A

La sección de los conductores se determina para I_n = 26,1A. El disyuntor de acción diferida también se determina para I_n. Según VDE s = 6mm^2, admite 31A y fusibles de 25A.
Para evitar que los fusibles disparen con I_A *estrella* = 63A se colocan del tipo retardado. También un disyuntor térmico diferido de 25A.
Si la s = 16mm^2 por tener caída de tensión por tramos largo, se colocan fusibles de I = 60A para proteger los cables y cerca del motor el disyuntor de 25A que evita la sobrecarga peligrosa de la máquina que no quedaría protegida por los fusibles de los cables.

Arrancador por autotransformador trifásico.

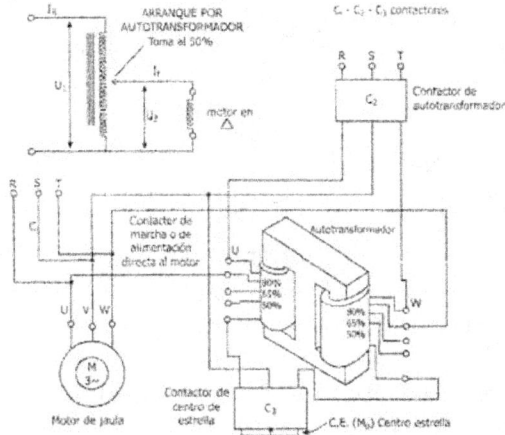

Mando de Motores

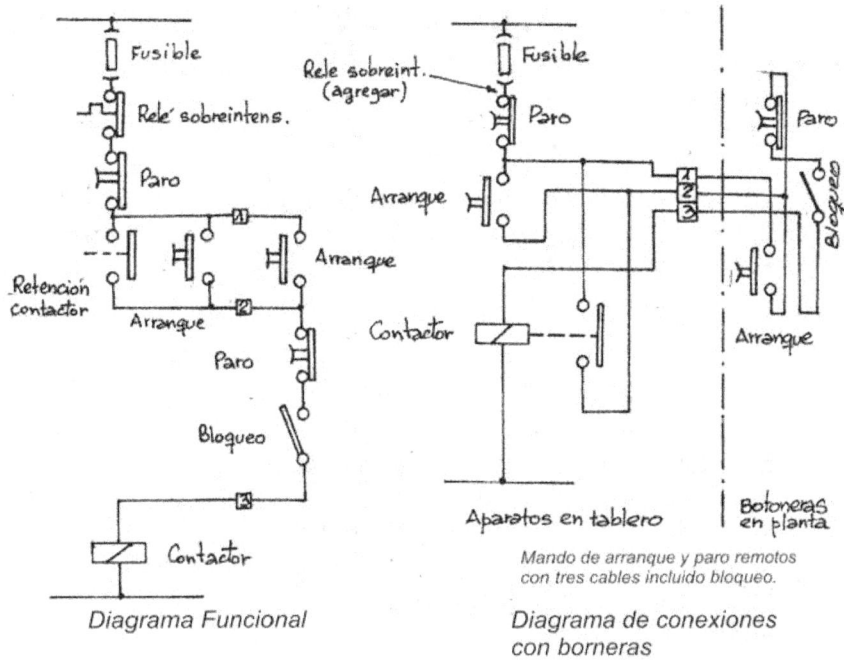

Diagrama Funcional

Aparatos en tablero

*Mando de arranque y paro remotos
con tres cables incluido bloqueo.*

*Diagrama de conexiones
con borneras*

Mando remoto de una bomba.

El tablero de comando ubicado en forma local con posibilidad de accionar también a una distancia de 3000m con arranque y parada.

Debido a la capacitancia del cableado, en esa distancia, el circuito no trabajaría si se lo conectaría convencionalmente porque al pulsar el botón de detención el contactor no desconectará.

El circuito es económico y hábil para evitar este problema ya que los relés auxiliares R_1 y R_2 eliminan el problema causado por las capacitancias siendo componentes de un circuito de corriente continua.

Operan estos relés a 20-25mA y su resistencia de bobina es de 2000Ω. La resistencia de los cables a 3000 metros se hará baja en el orden de 35Ω que es despreciable frente a la resistencia de la bobina R_1 y R_2 y no afecta la operación.

Problema

Si hacemos el cálculo para el circuito descripto con s = 4mm^2, que tiene R = 5,52Ω/km en c.a. unipolar y R = 4,47Ω/km a 20°C en c.c., para 6000m tenemos que la resistencia del circuito es en c.a.:

$$R = 6 \text{ km} . 5,52\Omega/\text{km} = 33,12\Omega$$

La potencia de entrada de la bobina del contactor, para 15 a 25HP de tamaño constructivo, es de: 650VA, absorbe 2,95A. Para retener la bobina son necesarios 50VA, absorbe 0,23A. La caída de tensión en el circuito en el arranque de la bobina es de:

$$\Delta V = 2,95 \text{ A} . 33,12\Omega = 97,70V$$

En la bobina habrá solamente:

$$E_{bob} = 220V - 97,70V = 122,3V$$

Esta tensión es muy baja para lograr la entrada del contactor. Si usamos relay auxiliares de c.c. tenemos para un SIEMENS 3TB48, al conectar 8,5W y retención 8,5W (igual). La tensión mínima de trabajo es 0,85 . 24V = 20,4V.

$$I_{bob} = \frac{8,5W}{24V} = 0,35A$$

Caída de tensión:
$$\Delta V = 0,35A \cdot 4,47\Omega/km \cdot 6km = 9,38V$$

Esta caída supera lo admisible de 24-20,4 = 3,6V

Probamos para un cable de mayor sección:
$$3,6V = 0,35A \cdot R\Omega/km \cdot 6km$$

despejando el término R tenemos:

$$R\Omega/km = \frac{3,6V}{0,35A \cdot \frac{6000m}{1000m}} = 1,71\Omega/km$$

Esta resistencia la tiene un cable de 16mm^2; 1,13Ω/km. El cable de 10mm^2 tiene 1,79Ω/km.

Los datos de cables son del catálogo IMSA PAYTON de cobre aislado con PVC para baja tensión. Para conductores y relés auxiliares, el catálogo SIEMENS de aparatos de maniobra y control 1981; Contactor 3TA26 y relays auxiliares.

Para evitar colocar cables tan grandes deberemos disminuir la corriente de los relays auxiliares o usar elementos electrónicos.

Esquema mando remoto de una bomba.

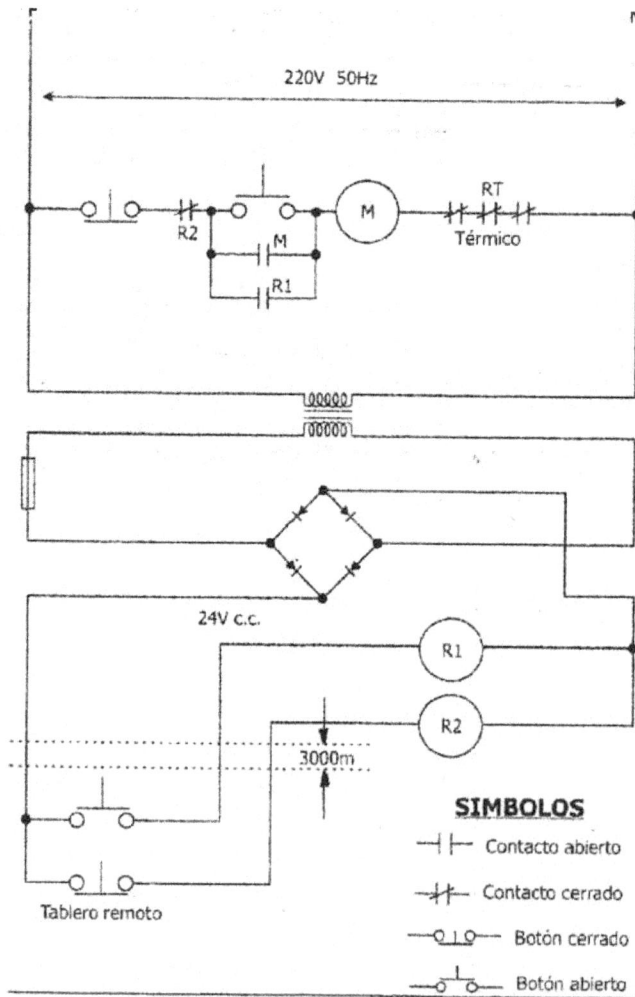

220V 50Hz

R2

M

R1

RT
Térmico

24V c.c.

R1

R2

3000m

Tablero remoto

SIMBOLOS

—| |— Contacto abierto

—|/|— Contacto cerrado

—o_|_o— Botón cerrado

—o o— Botón abierto

Equipo de mando de una grúa.

CIRCUITO DE POTENCIA

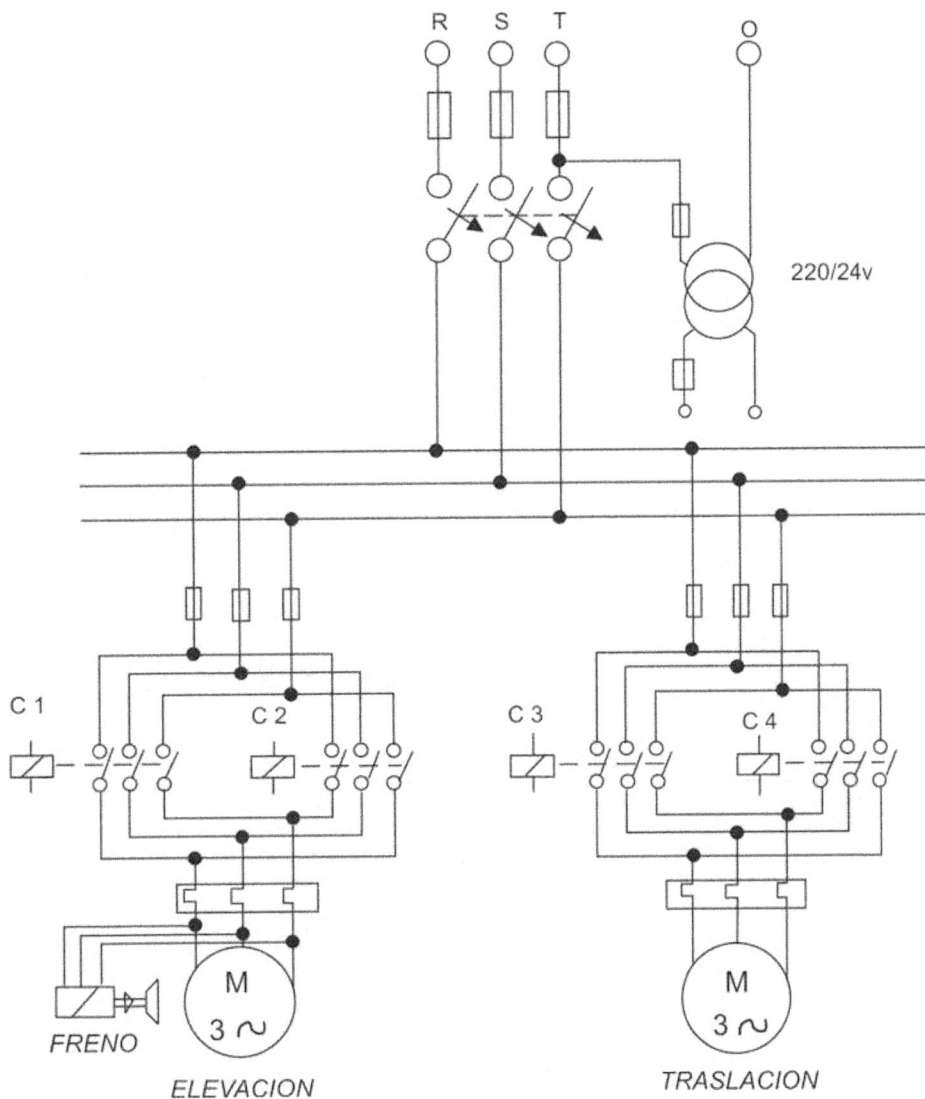

220/24v

C 1   C 2   C 3   C 4

FRENO

M
3 ∿

M
3 ∿

ELEVACION   TRASLACION

Circuito de mando; esquema funcional.

CIRCUITO DE MANDO

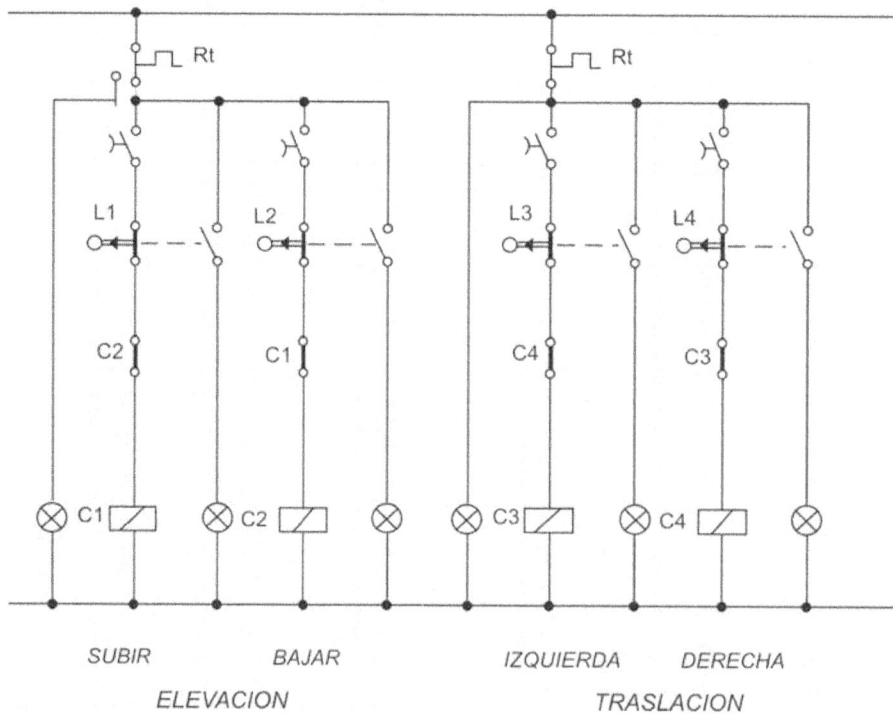

SUBIR   BAJAR   IZQUIERDA   DERECHA

ELEVACION   TRASLACION

Bloqueo de arranques y paradas sucesivas de un arrancador.

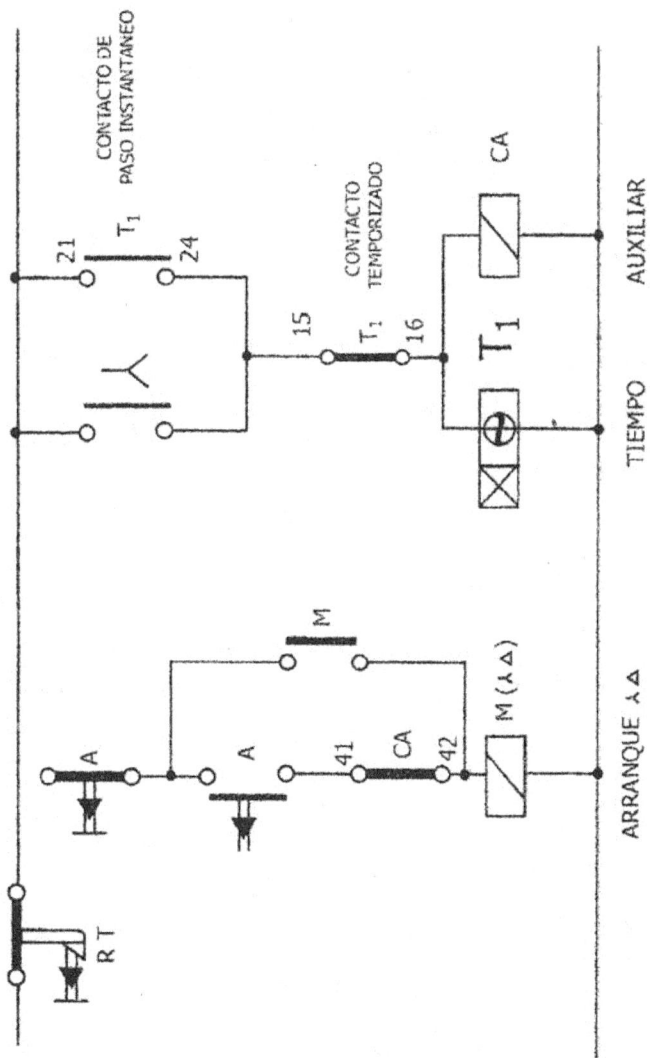

Arranque y regulación de velocidad de motores de corriente continua.

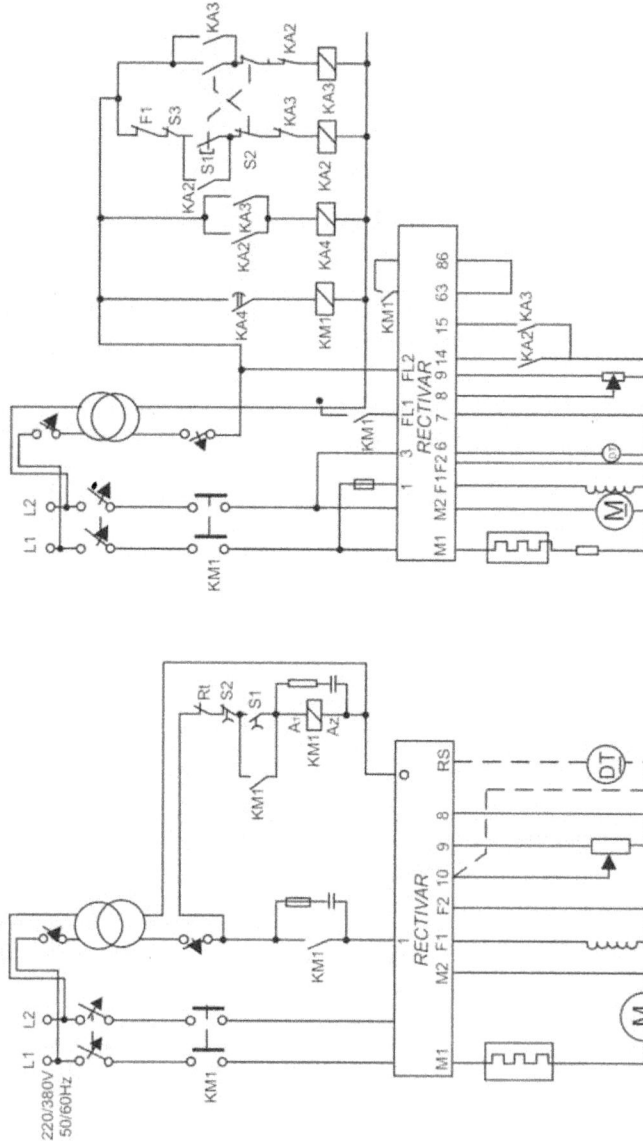

Arranque y regulación de velocidad motor c.c.

Conexionado de un puente reversible estático

Inducido Inductor Potencia- Dinamo
metro tacométrica

Conexionado de un puente mixto unidireccional

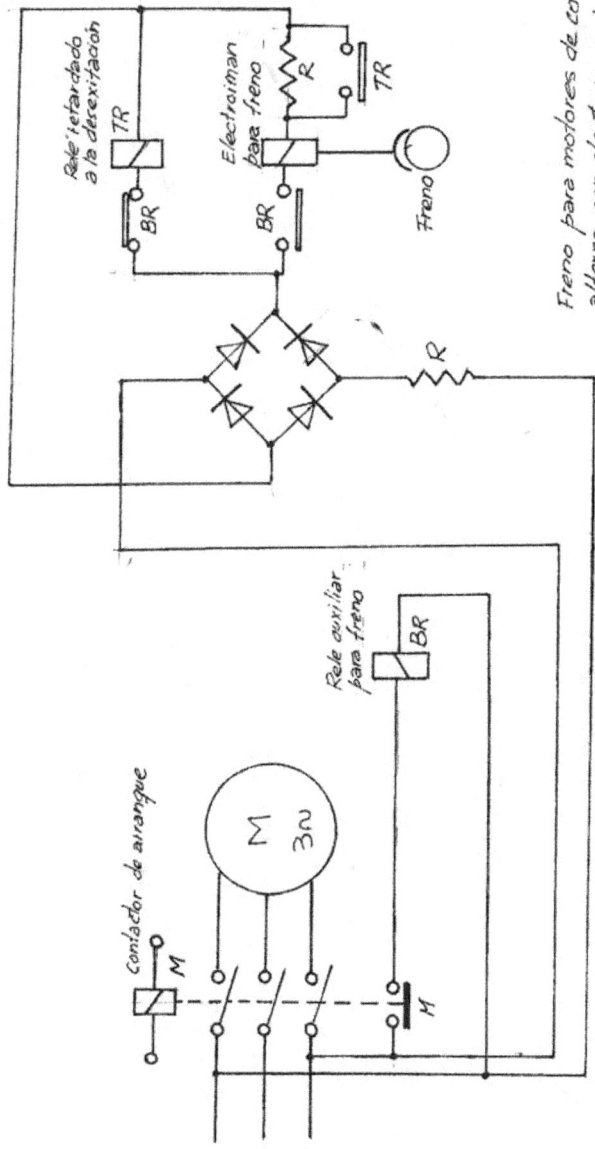

Freno para motores de corriente alterna con electroiman para frenado de corr. cont. con resistencia limitadora a la desexitación.

Timer´s Electrónicos.

Conexión en cascada 220V - Tiempo máx. Obtenible 600+600 min.

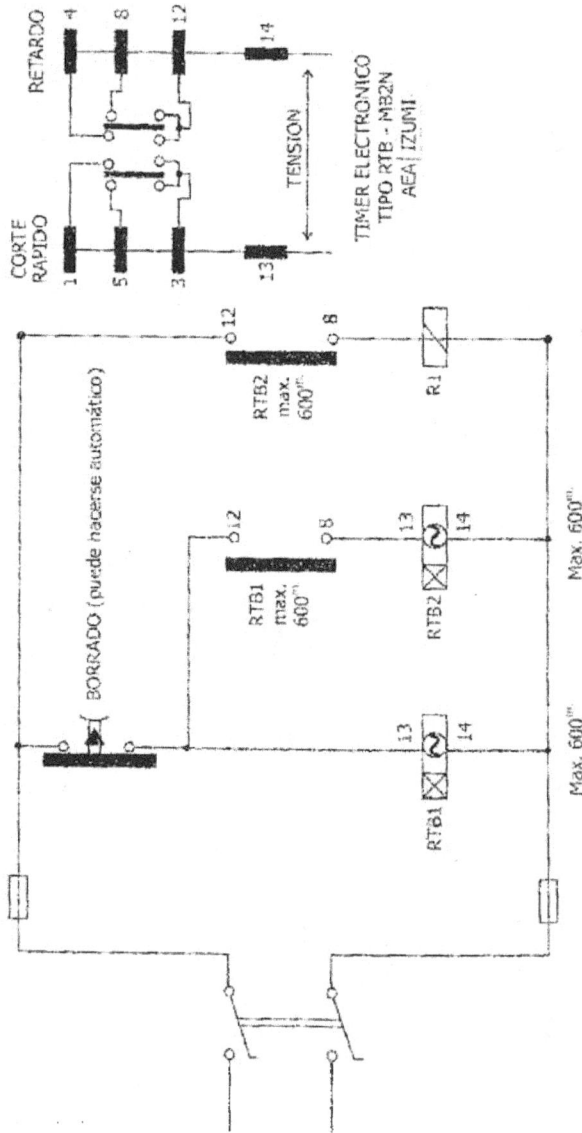

CAPITULO IV
GENERADORES.

Generador de dos polos.

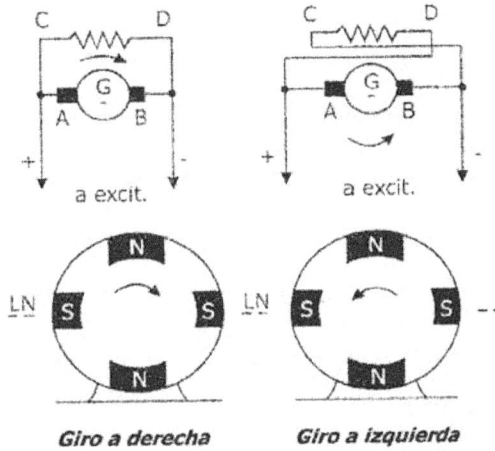

Giro a derecha   **Giro a izquierda**

Generador de cuatro polos.

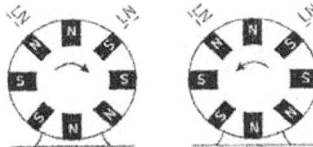

A cada polo principal le debe seguir un auxiliar de polaridad opuesta.

Desviar escobillas en sentido de giro para la línea neutra real.

Cambiar orden de fases.

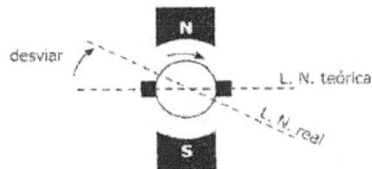

Alternadores, ensayos.

Ensayos en carga:

1) Con V_{SAL} constante
2) I_{exc} constante
3) I_{carga} constante

Ensayos de aislamiento
Ver normas CEI

$$R_{aisl} = \frac{V}{kW + 1000} \ M\Omega$$

$$R_{aisl} > 1 M\Omega$$

V   tensión entre fases
kW   potencia máquina

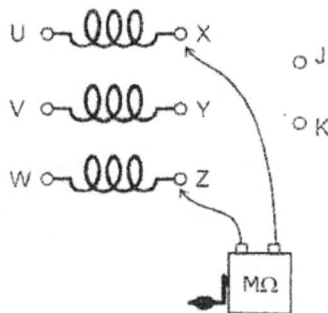

Mediciones:
*Fases entre sí y fases a masa
*Excitación a masa
*Excitación con fases

Medida de resistencia:
Conectar fases en serie y el valor en Ω dividir por 3.
También con c.c. y usando V y A haciendo circular la I_{nom}

Ensayo en vacío.

La curva de vacío es la f.e.m. en función de la excitación o velocidad contante.

Operando sobre V_1 partiendo de una excitación nula hasta obtener la tensión nominal, puede llegarse también a la saturación magnética eliminando mayor V_1. Luego de llegar a este punto disminuir la I_{exc} hasta su eliminación.

Se obtienen dos curvas de las cuales se hace una curva promedio. La primer curva arrancó con un valor de f.e.m. sin tener I_{exc} debido al magnetismo remanente de los polos del armazón.

SUBIENDO						BAJANDO				
r_1	A_1	A_2	V_1	V_2	rpm	r_1	A_1	V_1	V_2	rpm

PROMEDIO				
r_1	A_1	V_1	V_2	rpm

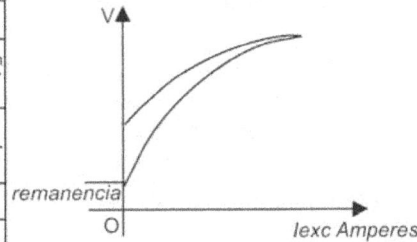

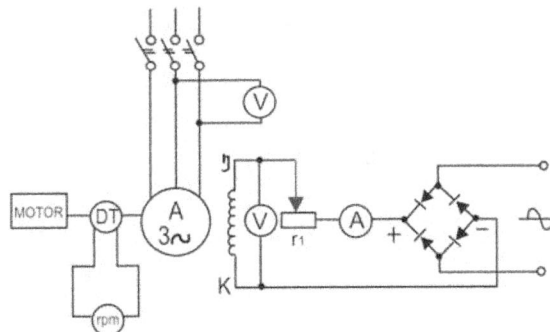

Ensayo de vacío

Ensayo en carga.

Se hace a tensión de salida constante con carga variable con I_{exc} variable.

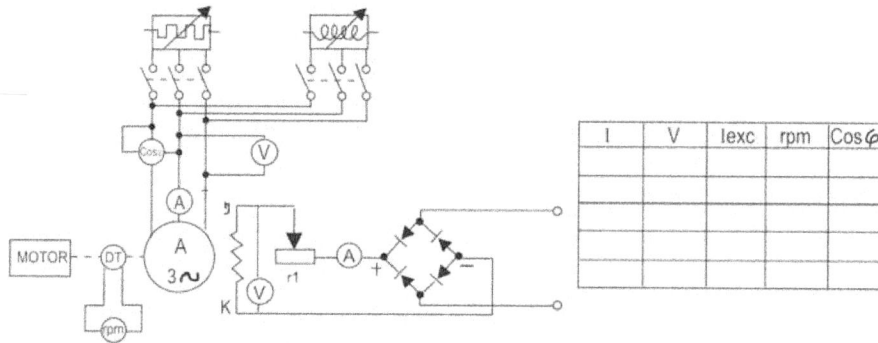

I	V	Iexc	rpm	Cos φ

Ensayo de alternador con carga

Ensayo de corto circuito.

Se hace un puente entre fases, se varía la I_{exc} a velocidad constante.
Se ajusta V_1 a mínima excitación, luego aumentados hasta que la I_{SAL} = 1,5 . $I_{NOMINAL}$ se obtendrá una recta proporcional.
Según conexión del alternador la I_{SAL} será I_{fase} o $I_{línea}$ para triángulo o estrella.
Evitar calentamientos por demasiado tiempo en corto circuito.

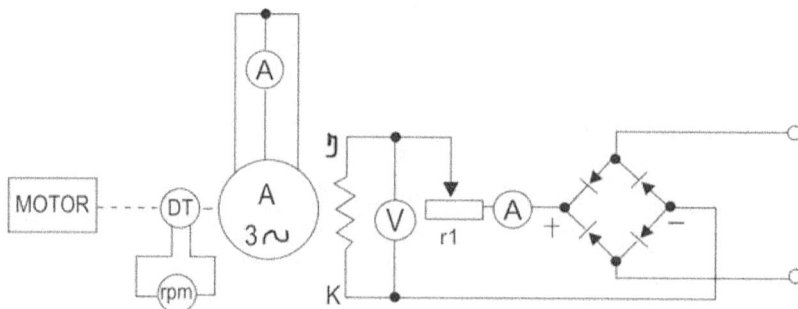

Ensayo de cortocircuito

Ensayo de aislamiento.

Se exigen valores de 1M a la temperatura de trabajo de la máquina. Si es alternador nuevo se pide mínimo 10M .
El mínimo valor sería:

$$R_a = \frac{V}{p + 1000} \quad M\Omega$$

R_a = resistencia de aislamiento en $M\Omega$
V = tensión más elevada en los
p = potencia alternados en kW

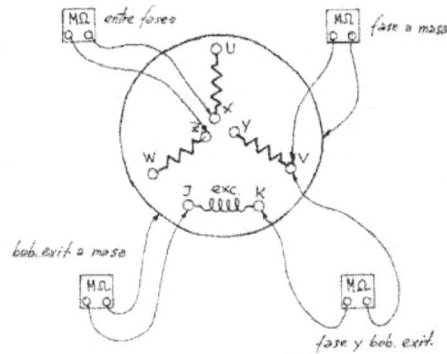

Medida o ensayo de aislamiento de alternador

Medida de la resistencia de los devanados.

Hace una medida a temperatura ambiente y luego de un funcionamiento con carga máxima.
Para medir conectar en serie los tres bobinados de fase y luego de leer el ohmetro digital dividir por tres.
En lugar del ohmetro se puede medir con voltímetro y amperímetro con c.c. variable desde un VARIAC.
Se puede medir por puentes o instrumentos compensadores.
Si no se separan los devanados de fase se miden 2 en serie con el ohmetro.
En estrella se divide por 2 y en triángulo la resistencia de una fase es 2/3 de la resistencia medida.

Fallas en máquinas de corriente alterna.

Marcha ruidosa: desequilibrios eléctricos por bobinado o por alimentación de las tres fases.

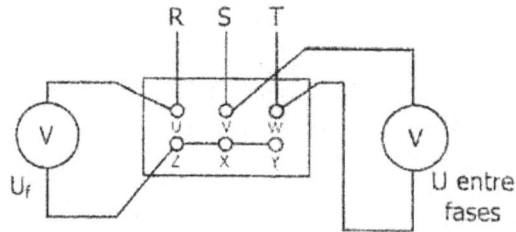

Revisión del equilibrio eléctrico.

Pierde velocidad con carga aumentada:
Desequilibrio eléctrico o diferente resistencia entre bobinas.
Golpes.
Cojinetes o eje, excentricidad del rotos, bobinas con cortocircuitos no francos.

Alta intensidad:
Carga en el eje, falta de fase, tensión baja.

Defecto de aislación:
Comprobar con lámpara serie.

Fallas en alternadores, pruebas.
Prueba de la excitatriz.

En alternadores con escobillas:

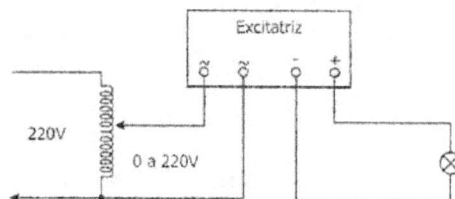

Comenzar en 0V y llegar a 220V, la lámpara brillará hasta apagarse en 220V, se fija la tensión y la lámpara se enciende de nuevo. Significa que la excitatriz está regulada en 220V.

En alternadores sin escobillas: Como el alternador tiene bobinado auxiliar usamos fuente trifásica variable u otra fija trifásica de 40V.

El encendido y apagado de la lámpara indicará la tensión de excitación regulada en vacío.

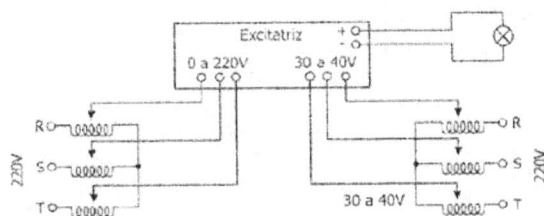

Prueba de otras averías.

Si se duda del regulador de tensión, conectar en su lugar una batería de 12V y ver si ahora genera algo de tensión al alternador.

También conectar batería para obtener magnetismo remanente.

Si el alternador no genera puede faltar magnetismo remanente, interrupciones en la excitación, fusibles, arranque con carga, diodos averiados.

Relé de cebado abierto, interrupción en circuito del transformador de compoundaje.

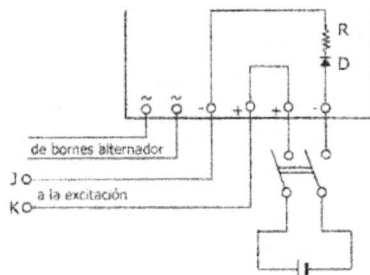

Excitatriz estática con cebado por batería.
R = resistencia de cebado
D = diodo de bloqueo, evita el retorno a la batería.

Prueba de bobina cortada en inductor.

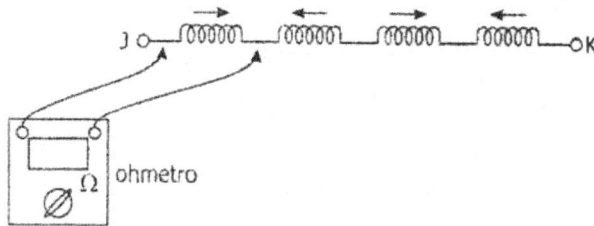

Si se conoce el valor en Ω de cada bobina se pueden detectar cortocircuitos. Se puede medir con un amperímetro el valor de I_{exc} y debe estar dentro del valor de placa.

Prueba de corto circuito entre espiras.

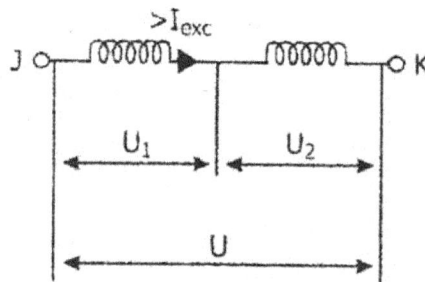

$$U = U_1 + U_2 = R_1 \cdot I_{exc} + R_2 \cdot I_{exc}$$

Haciendo pasar una corriente continua menor que la I_{exc} se puede comprobar que la bobina más fría luego de un tiempo es la probable en corto circuito.

Sistema de regulación compuesta para alternadores.

Sistema automático de excitación compuesta.
La excitatriz del alternador es provista de dos bobinas que forman el arrollamiento de campo, una bobina está conectada a las escobillas de la excitatriz en derivación y el otro arrollamiento es excitado por la corriente rectificada de un puente Graetz; la corriente es la resultante geométrica de las tensiones secundarias T_C de un transformador de intensidad y T_E de un transformador de tensión. Dichas corrientes controladas por el resistor variable refuerzan el campo de excitatación de la excitatriz según necesidad.
Según un diagrama vectorial en el texto del Dr. Ing. Carlo Solari se ve que la resultante vectorial crece al disminuir el factor de potencia con la cual crece la corriente rectificada que circula en el bobinado adicional de la excitatriz separado del otro bobinado de excitación propio de la máquina.
Como resultado final la excitación del generador G crece y se mejora el COS φ.
En excitatrices que poseen solo un campo o un solo bobinado las corrientes propia y la rectificada pueden hacerse circular supuestas en el mismo circuito. Una ventaja de este regulador es que no tiene partes móviles aunque no posee gran precisión por las curvas de variación de tensión son aceptables para aplicaciones rurales, de emergencia, iluminación portátil o alimentación de motores eléctricos en máquinas auxiliares.

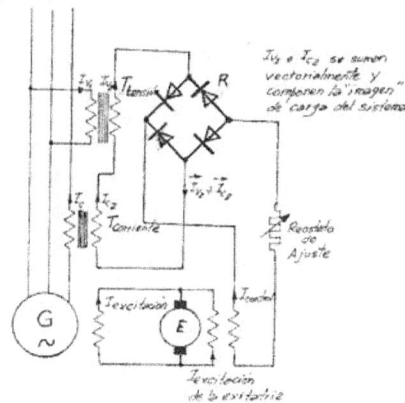

Elección de alternador y ensayos.
Elección del alternador en función de la carga.

Los fabricantes proporcionan la potencia nominal de grupo con un cosenoφ de 0,8 que en la "carga" máxima a conectar.

Es erróneo sumar las potencias de los motores a conectar porque no tenemos en cuenta la potencia demandada en los arranques que es mucho mejor.

Puede llegarse a "sobredimensionar" el alternador o consultar con el fabricante teniendo en cuenta los arranques "directos" y los de estrella triángulo o por autotransformador.

Tener en cuenta que los arrancadores electrónicos hacen arranques más suaves con menor demanda de potencia.

Arranque Directo.

La potencia necesaria del alternador será:

$P_{ALT} = 2,3 \cdot P_{MOTOR} \ (2,3kVA)$

Ejemplo: motor de 10CV

$P_{ALT} = 2,3 \cdot 10CV = 23kVA$

Arranque estrella triángulo.

En este caso:

$P_{ALT} = 1,35kVA \cdot P_{MOTOR}$

Ejemplo: motor de 10CV

$P_{ALT} = 1,35 \cdot 10 = 13,5kVA$

Arranque de bombas sumergibles.

La bomba exige del motor el arranque a plena carga por la columna de agua que está en la tubería. Ver en la tabla de página 91 las potencias de motores y grupo electrógeno necesario.

Compoundaje de un generador con regulador de tensión.

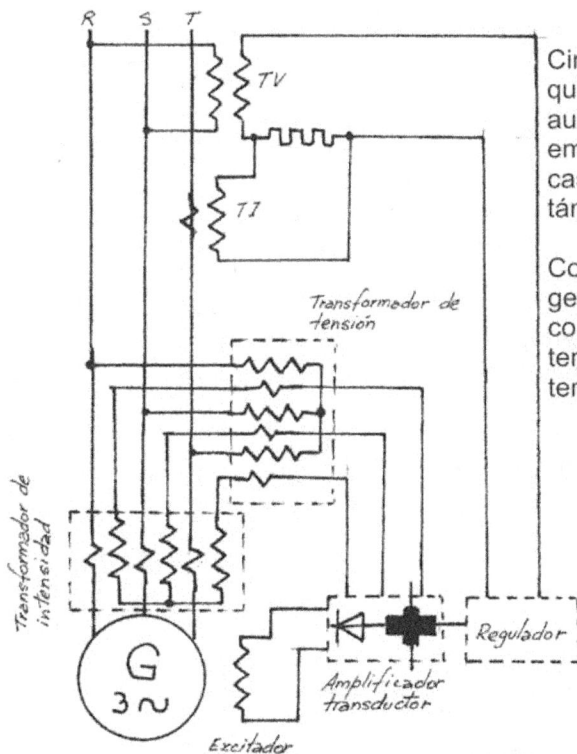

Circuito apto para pequeños generadores auxiliares y grupos de emergencia con bruscas sobrecargas instantáneas.

Compoundaje de un generador sincrónico con regulación de la tensión. Generador de tensión constante.

Reguladores de tensión sin escobillas.

La tensión se mantendrá constante siempre que las rpm va-
ríen ± 2,5%

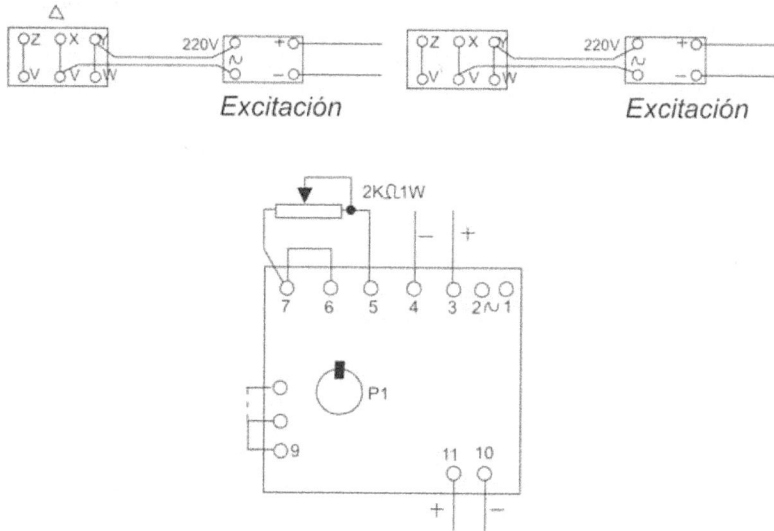

P1   ajuste de tensión
1-2   alimentación
3-4   excitación
5-6-7   potenciómetro exterior
8   conexión a 220V
9   conexión a 380V
10-11   cebado exterior

Tensión cebado 4 a 12V c.c.

NOTA: Si el motor diesel gira a bajas rpm desconectar el
excitador para evitar I_{exc} muy elevada.

La tensión de autocebado complementa la del magnetismo
remanente para la puerta del tiristor.

Las excitatrices electrónicas tienen un potenciómetro para la tensión de salida y otro para la estabilidad de respuesta ante cargas fuertes.

Tensiones usuales de excitatrices estáticas: 12, 30, 60, 110 y 200V c.c.

Para $R\Omega \leq 5\Omega$ del inductor usar media onda (1 diodo y 1 tiristor)
Si $R\Omega \geq 5\Omega$ usar onda completa (2 diodos y 2 tiristores)

$2,5mm^2$ para alimentar excitatriz
$1,5mm^2$ para cebado por baterías

Selección de un grupo electrógeno.
Para alimentar un motor trifásico asincrónico de arranque directo.

Motor a alimentar: 11kW, 15CV, 1500rpm, 380V *triángulo*, $COS\varphi = 0,83$, $I_{arranque} = 5,5\ I_{nominal}$
$I_{nominal} = 23,2A$, tamaño constructivo según IEC = 160M

Potencia de arranque motor a rotor fijo:

$$P_{arranque} = 5,5 \cdot 11kW = 60,5kW$$

Elegimos un grupo ILANSIR autoexcitado y autorregulado de 26kW que puede arrancar motores con una sobrecarga del 200% por lo tanto disponemos de:

$$P_{arranque} = 26kW + 200\%\ 26kW = 78kW$$

$$78kW \quad > \quad 60kW$$

Queda una reserva disponible.

Observando el catálogo LEROY SOMER vemos que un alternador acoplado a la toma de fuerza del tractor puede arrancar el motor eléctrico en arranque directo, sus datos son:

Potencia kVA en 380V = 40
$I_{máxima}$ = 60A
Potencia máxima arranque motor = 11,5kW
Potencia necesaria en la toma tractor = 55CV
Velocidad de rotación en la toma = 540rpm

En el catálogo BURBAN el alternador A 1810-S4 de 27kVA
a 50Hz puede con una caída de tensión transitoria del 30%
arrancar 75kVA de rotor fijo según la curva de caída de tensión / arranque en kVA.

Selección de un grupo electrógeno.
Para alimentar un galpón de una planta de movimiento de
cereal con iluminación y motores.

Tenemos iluminación 5kW
Motor y un transportador helicoidal 10HP
Motor de una cinta transportadora 10HP
Motor de un ventilador secador 5HP

Partimos de la iluminación conectada con sus 5kW.
El motor del transportador arrancará posteriormente en
arranque directo.
Luego el de la cinta también es arranque directo.
Y por último el ventilador de secado.

FORMULARIO CON COLUMNAS A COMPLETAR

INFORMACION MOTOR (Datos de placa)				POTENCIA ARRANQUE (rotor fijo)		POTENCIA NOMINAL MOTOR		POTENCIA ACUMULADA MAS POTENCIA ARRANQUE DE MOTOR SIGUIENTE		POTENCIA ACUMULADA (Potencia nominal motor y otras potencias)	
1	2	3	4	5	6	7	8	9	10	11	12
HP	COD.	FASES	VOLTS	kVA	kW	kVA	kW	MAX kVA	MAX kW	CONT. kVA	CONT. kW
				POTENCIA DE ILUMINACION						5	5
10	F	3	380	53	26,5	9,37	7,5	58	31,5	14,37	12,5
10	F	3	380	53	26,5	9,37	7,5	67.67	39	23,74	20
5,5	G	3	380	53	16,5	5	4	56,74	36,5	28,74	24

Columna 1:   potencia en CV del motor
Columna 2:   código del motor según NEMA
Columna 3:   fases
Columna 4:   tensión
Columna 5:   kVA con rotor fijo
Columna 6:   kW a rotor fijo
Columna 7:   kVA motor en funcionamiento
Columna 8:   kW motor en funcionamiento
Columna 9:   potencia acumulada kVA
Columna 10:   potencia acumulada kW
Columna 11:   potencia conectada kVA
Columna 12:   potencia conectada kW

Según NEMA el código de un motor de 10CV es de F lo que significa de 5 a 5,6kVA por CV a rotor trabado. O sea que en ese momento el motor tomará una potencia de:

$$10CV \cdot 5 = 50kVA$$
$$10CV \cdot 5,6 = 56kVA$$

Este valor es el que debe vencer el grupo para hacer girar el motor.
Si en el momento del arranque tenemos conectados los 5kW de iluminación el grupo debe vencer:

$$5kVA + 56kVA = 61kVA$$

Al arrancar luego otro motor de 10CV el grupo tiene conectados:

$$5kVA \text{ (luz)} + 9,37kVA \text{ (motor)} = 14,37kVA$$

Por lo tanto deberá vencer:

$$14,37kVA \text{ (conectados)} + 56kVA \text{ (motor)} = 67,37kVA$$

NOTA: es conveniente arrancar antes los motores de mayor potencia.

Todos los motores arrancan directo y esto provoca el uso de un generador más grande. Si es arranque *estrella/triángulo* o con un variador electrónico de rampa la potencia necesaria será menor.

Para elegir el grupo electrógeno tomamos el folleto ILANSIR y el modelo de alternador A3-1536/b entrega 32,5kVA continuos con lo cual absorbe los 28,74kVA conectados al grupo. Para el arranque del mayor motor es suficiente dado que admite una sobrecarga del 200% con lo cual:

$$31,5kVA + 200\% \; 32,5kVA = 97,5kVA$$

Este valor es suficiente para absorber los 67,37kVA de la mayor punta de carga.

Elección del motor diesel de arrastre en función del alternador.

Se pretende trabajar a coseno $\varphi = 0{,}8$ y temperatura menor a 40°C y 1000m máximo sobre el nivel del mar. En la tabla se dan las potencias de motores diesel según el alternador.

Elección del alternador según carga.

	CV	Kw	I (220V)	I (380V)	COSφ		ALTERNADOR RECOMENDADO kVA	
ARRANQUE DIRECTO	0,5	0,37	1,9	1,1	0,71	72	2	
	0,75	0,55	2,6	1,5	0,75	74	2	
	1	0,75	3,5	2	0,77	75	3	
	1,5	1,1	4,7	2,7	0,80	77	3,5	
	2	1,5	6,2	3,6	0,80	79	5	
	3	2,2	8,8	5,1	0,81	81	7	
	4	3	11,6	6,7	0,82	83	10	6
	5,5	4	15	8,7	0,83	84	13,5	7,5
	7,5	5,5	20	11,6	0,84	86	10	
ARRANQUE ESTRELLA TRIÁNGULO	10	7,5	26,6	15,4	0,85	87	13,5	
	15	11	39	22,4	0,85	88	22	
	20	15	51,5	29,8	0,86	89	26	
	25	18,5	63	36,5	0,86	90	35	
	30	22	75	43	0,86	90	42	
	40	30	99	57	0,87	90	54	
	50	37	121	70	0,87	92	75	
	60	45	147	85	0,87	92	81	
	75	55	180	104	0,87	92	102	
	100	75	242	140	0,87	92	135	

Tabla

POTENCIA GRUPO SUMERGIDO		POTENCIA MÍNIMA
CV	Kw	ALTERNADOR kVA
0,5	0,37	2
0,75	0,55	2,5
1	0,75	3
1,5	1,1	4,5
2	1,5	5
3	2,2	7,5
5	3,7	11
7,5	5,5	15
10	7,5	18
15	11	27
20	15	36
25	18,5	45
30	22	55
35	26	65
40	30	75
50	37	90
60	45	110
70	52	130
80	59	150
90	67	165
100	74	185
125	92	230
150	111	260

Tabla

ALTERNADOR KVA	MOTOR ARRASTRE CV
2	3,5
3	5
4	6,5
5	7
6	10
8	12
10	14
12,5	18
15	22
20	25
25	35
30	40
35	44
40	52,5
50	62
55	71
60	74
65	82
75	92
80	110
90	110
100	130
105	130

Motor de arrastre: DIESEL
Alternador potencia en kVA

Alternador para grupos electrógenos.

Capacidad de sobrecarga.

Carga con relación a la nominal	Tiempo máximo de sobrecarga
105 %	1h 30
110 %	1h
125 %	10min
150 %	2min
300 %	10seg

Después de la sobrecarga esperar 6 horas para nuevas sobrecargas.

Los alternadores toleran 4 a 5 I_n de cortocircuito durante 5
a 10 seg.

$$P_{max} = P_{nom} . f_{to} . f_{alt}$$

f_{to} 0,91 para 50°C
         0,87 para 55°C
         0,83 para 60°C
f_{alt} 0,95 para 2000mts s.n. del m.
         0,90 para 3000mts s.n. del m.

Cargas desequilibradas

$$FD = \frac{I_{max} - I_{min}}{I_n}$$

FD   factor de desequilibrio
I_{max} intensidad de fase máxima
I_{min} intensidad de fase mínima
I_n intensidad nominal

Se admiten desequilibrios del 100%
Interferencias
Poner a tierra máquinas
Concectar condensadores

Conexión de arrollamientos en un generador sincrónico.
Ajuste de pares en los arrollamientos de un generador
sincrónico.

Sabemos que el bobinado de un generador puede ser conectado en estrella o en triángulo.
En la práctica, salen de la caja de bornes de una máquina,
seis cables que pertenecen a las bobinas (tres pares desde
tres bobinas), veremos como conocer las relaciones entre
ellas para poder conectar correctamente los principios y fi-
nes de fases en cada bobina.

Cada bobina tiene los extremos: a - a' ; b - b' ; c - c' . Queremos conectarlas en estrella.

Operamos de esta forma: tomamos dos cables de bobinas distintas y los unimos para ir formando el centro de la estrella.

Si por casualidad los extremos tomados resultan a y b procederemos a medir tensiones con el generador excitado y girando.

Conectando al voltímetro entre a' y b' medimos $V_{a'b'}$; debe ser igual a 1,73 ($\sqrt{3}$) la tensión de fase.

Si en cambio resulta igual a la V_{fase} se deberá invertir las conexiones de una bobina. Luego se mide conectando el extremo c al centro de estrella a - b; la tensión $V_{b'c'}$ y $V_{a'c'}$ deben ser ambas iguales a 1,73 V_{fase}, si no es así se debe invertir la bobina c - c'.

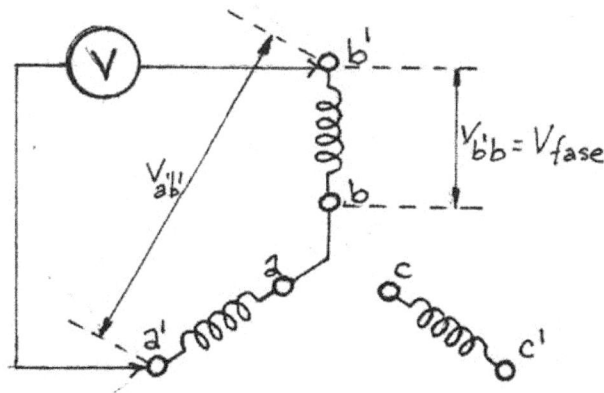

*Conexión de las bobinas de un generador
sincrónico en estrella.*

Generador sincrónico; regulador compound estabilizado.

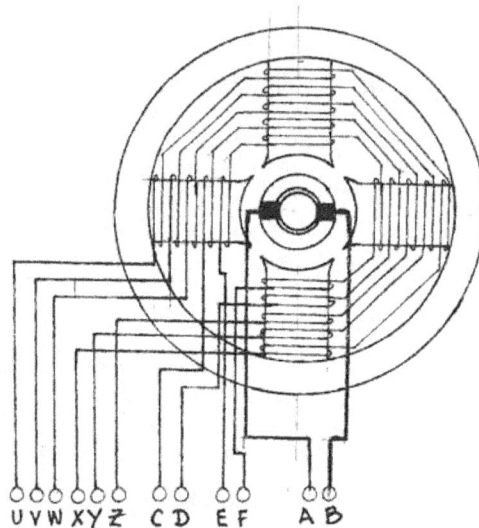

U-V-W   fases R-S-T entrada , regulación compound adicional
X-Y-Z   "   "   salida
C-D   devanado de campo shunt de excitación mínima y vacío
E-F   "   serie para arranque con batería
A-B   rotor inductor

Datos para el diseño de un sistema de transferencia de carga desde la red a un grupo electrógeno.

En el cuadro de maniobras deberá haber los siguientes elementos: Relay auxiliar conectado a la red; cuando la tensión cae al 70% o menos de su valor nominal cierran sus contactos (cerrados al estar la bobina sin tensión) y hacen arrancar el motor del grupo electrógeno. Esos contactos también preparan el interruptor para transferir la carga necesaria en la emergencia.

Un relay que se energiza cuando el grupo electrógeno marchando normal y da la orden para cerrar el interruptor para transferir la carga con la cual el grupo electrógeno alimentará la carga necesaria en la emergencia. Si la tensión de la red retorna a un valor del 90% del valor nominal se puede reconectar deteniendo el grupo electrógeno.

El interruptor de transferencia debe dimensionarse por el valor de la intensidad de emergencia a la cual deberá adaptarse la intensidad nominal del mismo. Debe tener una capacidad de ruptura suficiente a las intensidades de trabajo.

Según las Underwriter Laboratories la intensidad de corto circuito debe ser de un valor $\geq$ 5000A.

Los contactores o interruptores automáticos de red y del grupo deben tener enclavamiento mecánico y eléctrico que eviten su cierre simultáneo.

Si se instala un relay de falta de fase debe actuar al 70% o menos de la tensión normal de la red.

Un relay de tiempo protege al sistema por fluctuaciones o parpadeos evitando falsas maniobras.

Otro relay de tiempo ajusta el tiempo de transferencia de carga y el tiempo de arranque.

Deberá poderse operar manualmente el comando con conmutador manual y pulsadores.

También se instalará una llave de prueba del sistema.
Habrá relays de frecuencia para proteger los equipos conectados a la carga.

Lámparas de señal posición de interruptores.

Alarmas sonoras y visuales.

Detectores de velocidad del grupo con detención por sobrevelocidad.

Las alarmas serán: baja presión de aceite lubricante; alta temperatura del agua; sobre carga de arranque; batería descargada; baja temperatura del agua (congelación); falta presión de combustible; bajo nivel de combustible.

Excitación de Alternador Stamford.

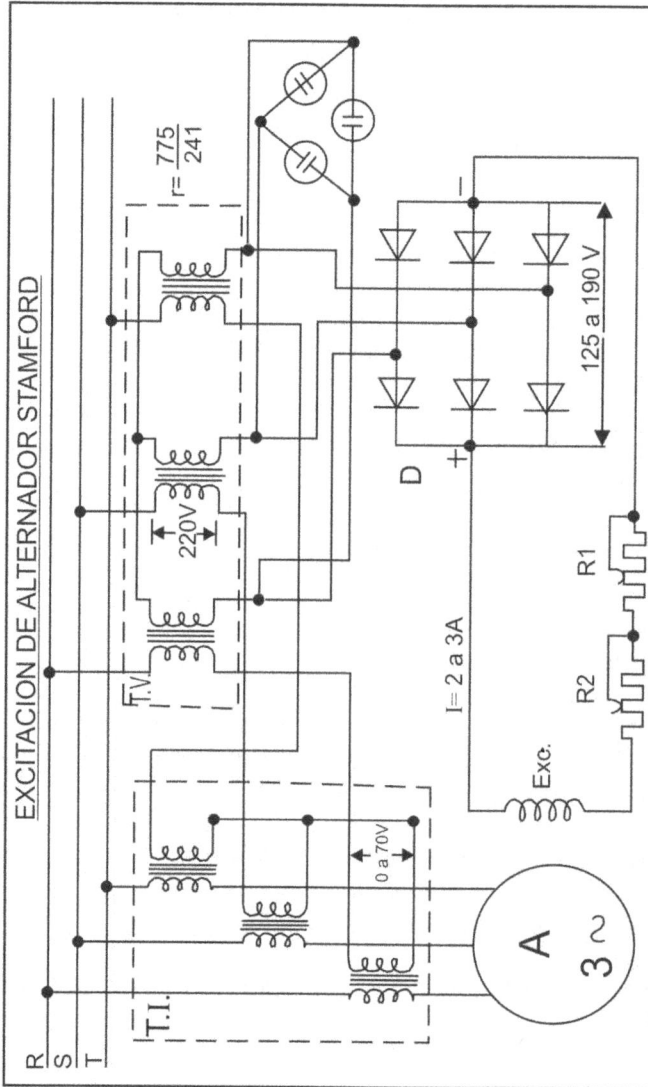

Regulación de tensión en vacío con excitación independiente.

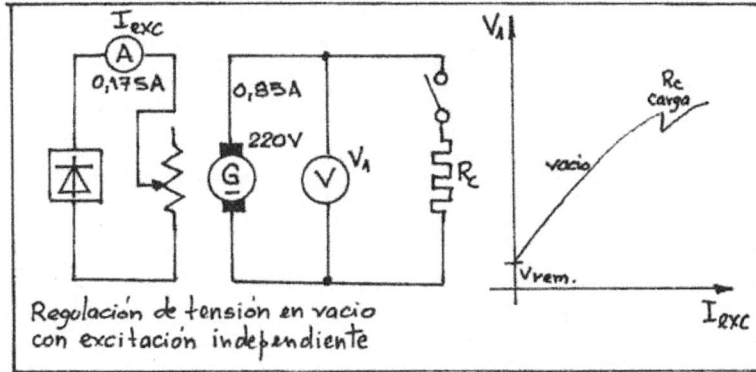

Regulación de tensión en vacío
con excitación independiente

Regulación de tensión con campo derivación.

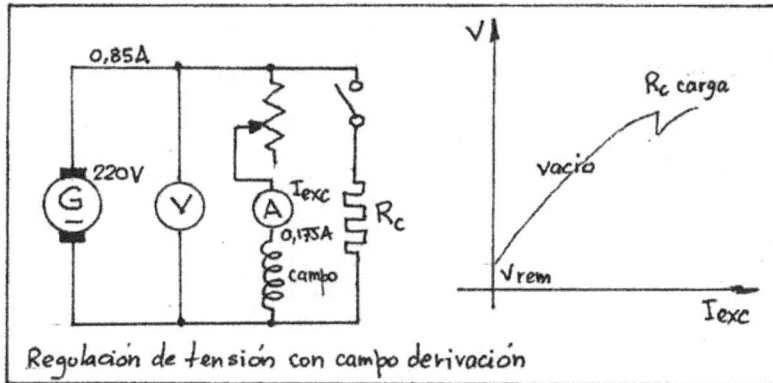

Regulación de tensión con campo derivación

ARRANQUE AUTOMATICO DE
GRUPO DIESEL DE EMERGENCIA

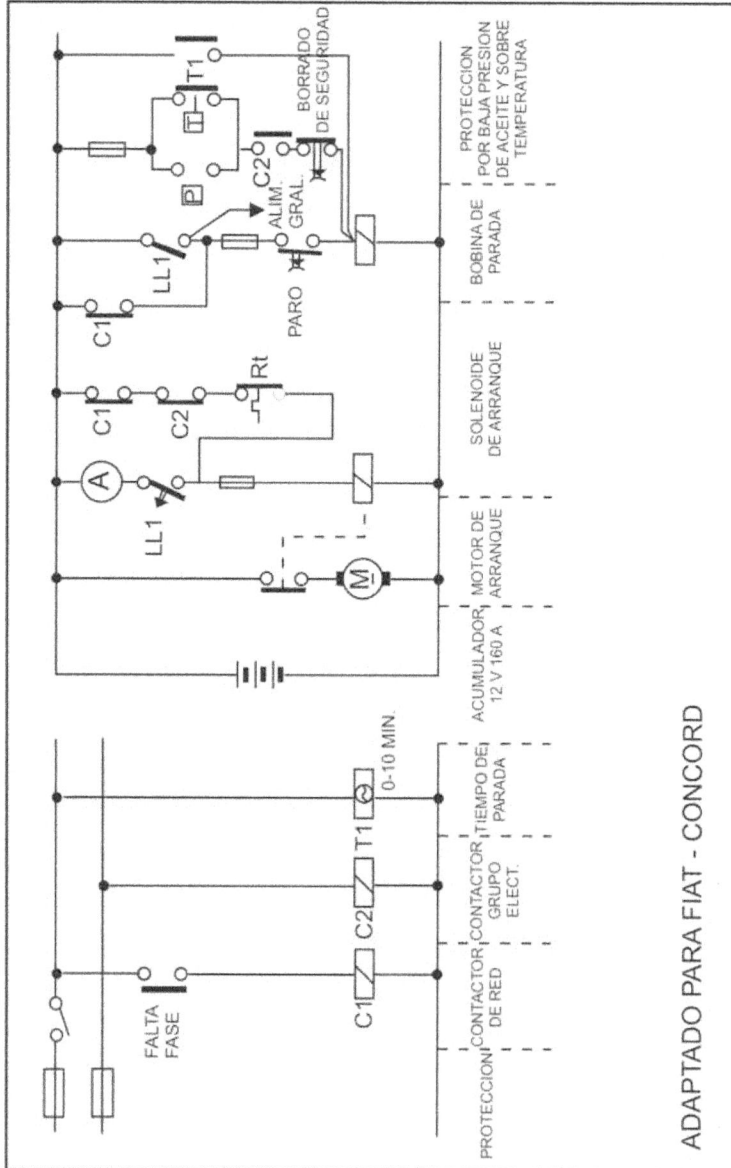

ADAPTADO PARA FIAT - CONCORD

Aerogenerador.

Un aerogenerador de 2kW tripolar de 4,1 de diámetro de rotor, con un peso de 280 kg colocado sabre una torre metálica.

Tiene hélice de paso variable y regulador de carga automático.

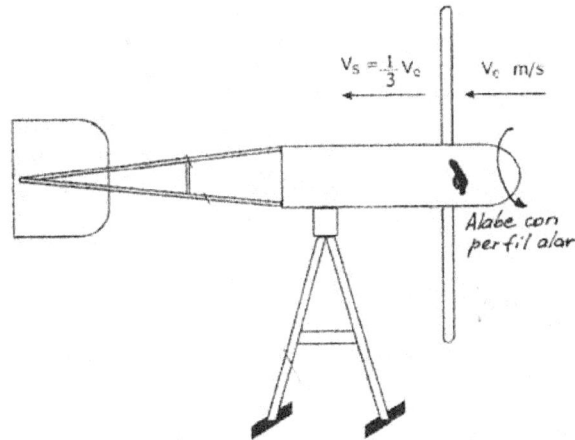

Si verificamos la P (kW) para una V_e = 8m/S

$$P = 0,000285 . V^3 . D^2$$
Con D = 4,1m tenemos:

$$P = 0,000285 . 8^3 . 4,1^2 = 2,453kW$$
A esta potencia del viento le aplicamos los rendimientos de: la rueda de alabes 0,7 y de la transmisión y del generador 0,8.

$$P = 2,453 . 0,7 . 0,8 = 1,37kW$$
Por lo tanto para lograr los 2kW deberá haber mayor velocidad de viento.

En caso de velocidades elevadas, peligrosas, se puede colocar el rotor con alabes de canto al viento. Otros modelos inclinan el conjunto para frenar.

CAPITULO V
MOTORES.

Tablero de seis bornes para motores.

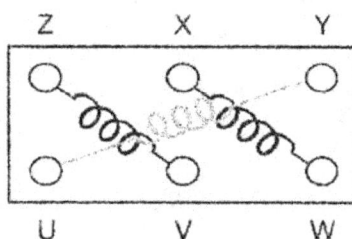

Arranque directo con solo contactor: motor con chapa 220/380V; conectar en estrella; unir el centro de la estrella con un puente entre Z-X-Y.

Arranque con tres contactores para estrella-triángulo: motor con chapa 380/660V; conectar para que en la marcha en conexión triángulo las fases R-S-T sean conectadas a U-V-W y del otro contactor a Z-X-Y; para el arranque en estrella se unen momentáneamente en el contactor estrella los bornes Z-X-Y.

Para cambio del sentido de rotación invertir dos fases en la alimentación desde la red.

Instalación de motores asincrónicos trifásicos con rotor en corto circuito.
Norma IRAM - Tipos MTA - Protección IP 44 con ventilación de superficie.

Antes del montaje verificar el giro libre del eje y medir aislación con megohmetro de 500V.
Asegurar circulación de aire en el lugar elegido con 40°C de temperatura. Usar poleas o volantes con rayos. Ver que los agujeros para drenaje del agua de condensación estén en la parte inferior, tapar los agujeros fuera de esa posición y ha-

cer nuevos si es necesario. Desbloquear los rodamientos a rodillos que estén enclavados con tornillos para el transporte.

Las poleas, volantes y acoplamientos se montarán con golpes a través de un taco protector de madera y con una masa de retención de golpes en el otro extremo.

Los elementos giratorios impulsados por el motor deberán ser balanceados dinámicamente para eliminar valores altos de vibraciones. Alinear ejes y poleas con el comparador de reloj o sistema láser.

Los ejes tienen sus diámetros ajustados según ISA en ajuste k5 hasta 50mm mayores a ISA m6.

Ejemplo 1: motor SIEMENS 1 LA 2 088 de 20CV (15kW) tamaño 160L de 48mm de eje tendrá para k5 entre 48,013 hasta 48,002mm.

Ejemplo 2: motor 1500rpm SIEMENS 1 LA 2 148 para 75CV (55kW) tamaño 250M; eje de 60mm tendrá según m6: 60,011 hasta 60,030mm.

Plan de mantenimiento

Limpieza para circulación del aire refrigerante. Medir vibraciones en los rodamientos. En motores abiertos soplar bobinados con aire seco y limpio. Revisar bornera y ajuste de conexiones. Lubricar con grasa a base de Litio que tenga un punto de goteo mayor a 180°C. La carga de grasa debe usarse 6000Hs de marcha (para motores de 3000rpm solo usar 2000Hs).

En los desarmes lavar con bencina sacando la grasa usada. La grasa nueva se pone entre bolillas y pistas cuando se dispone de alemites agregar grasa libremente porque la carga se autorregula.

Arranque de motores de inducción.

El ARRANQUE DIRECTO es inconveniente. En rotores bobinados se puede arrancar con RESISTENCIAS ROTORICAS. Según las normas NEMA las letras de código dan los kVA por HP a rotor bloqueado.

Ejemplo: una letra D indica 4kVA/HP hasta 4,50kVA/HP.

Ejercicio: ¿Cuál es la corriente de arranque de un motor de inducción trifásico de 15HP 380V letra F del código NEMA?

Para   F = 5,6kVA/HP

Potencia de arranque = 5,6 . 15 = 84kVA

$$\text{Corriente de arranque} = \frac{\text{Pot. de arranque}}{\sqrt{3} \cdot 380V} = \frac{84}{\sqrt{3} \cdot 380} = 127A$$

Con esta corriente estamos desarrollando el momento torsión mayor.

Si reducimos la corriente de arranque en proporción directa a la tensión en bornes, el momento de torsión disminuye en proporción al cuadrado de la tensión que se aplique.

Los sistemas de arranque tienen incorporados protecciones contra corto circuitos, contra sobrecarga, contra bajo voltaje y falta de fase.

Ejercicio 1: Determinar kVA/HP para un motor SIEMENS con intensidad de arranque directo de seis veces la intensidad nominal de 15,5A para una potencia de 10W. Para un par nominal 2,5kgm que en el arranque toma 2,6 veces más, o sea 2,5 . 2,6 ¿Cuánto se reduce si le aplicamos la tensión de 75% de 380V? Los datos son para (2 polos = 3000rpm).

Ejercicio 2: Reducir la tensión con un autotransformador en el motor del *ejercicio 1* y expresar los parámetros de arranque para una tensión reducida al 50%.

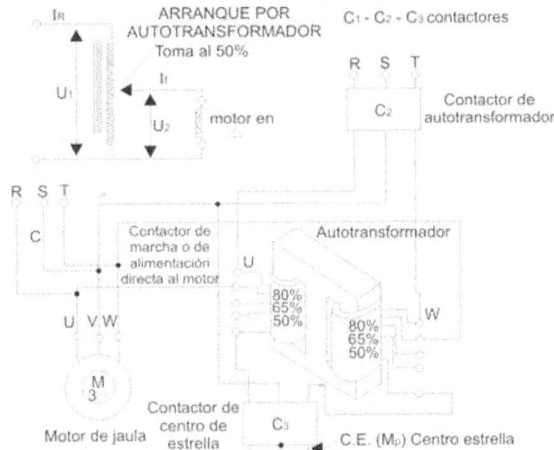

ARRANQUE POR AUTOTRANSFORMADOR
Toma al 50%

Construcción de motores asincrónicos; rotor y estator.

Inducción B admitida 5000 a 7000 Maxwell/cm^2

N° de ranuras del estator = N° de polos . N° de fases . N° de ranuras por polo
Ejemplo: 4 polos . 3 fases . 4 ranuras por polo = 48 ranuras

Cálculo de espiras del bobinado estator:

$$N = \frac{U_f \cdot 0{,}95}{4{,}44 \cdot f_b \cdot f \cdot \varnothing \cdot 10^{-8}} \quad \text{espiras}$$

U_f	tensión de fase
f_b	factor del bobinado según ranuras por polo y fase
g_1	2 3 4 5 6
f_b	1 0,958 0,964 0,955 0,958
f	ciclos/segundo
$\varnothing$	flujo en Maxwell por par de polos
4,44	constante de equivalencia entre V_{max} y V_{eficaz} y π = 3,1416
0,95	factor de pérdidas de líneas por dispersión ($\sim$5%)

Determinación de espiras rotor

$$N_2 = \frac{N_1}{r}$$

r relación entre U_1 y tensión rotor de 250, 500 y 600V

$$r = \frac{U_1}{250} \qquad r = \frac{U_1}{500} \qquad r_3 = \frac{U_1}{600}$$

Cálculo de la sección del conductor de los bobinados y del rotor

$$I_1 = \frac{W}{\sqrt{3} \cdot U} \quad \text{amperes}$$

W   kVA motor
U   380V

Del rotor es:

$$I_2 = 0,96 . \frac{N_1}{N_2} . I_1 . 0,9$$

$$\frac{N_1}{N_2} = r = \frac{U_1}{250} = \frac{380}{250} = 1,52$$

0,96   actor empírico
0,9   actor empírico
I_1 intensidad por fase

Se admiten 3 a 4A/mm^2 en el estator y de 4 a 6A/mm^2 en el rotor.

Determinación del entrehierro entre el estator y el rotor
Menor entrehierro es menor corriente magnetizante.

$$\text{Entrehierro mínimo} = 0,03 \left(1 + \frac{\sqrt{D_2 . L}}{14} \right) \text{cm}$$

D_2 diámetro
L   largo en cm

Relación entre las dimensiones del motor asincrónico, su potencia y número de revoluciones

$$D_2 . I = C . \frac{W}{n}$$

D   diámetro rotor en cm
I   largo del hierro activo del rotor y del estator
W   kW motor
n   rpm
C   constante por inducción y rendimiento

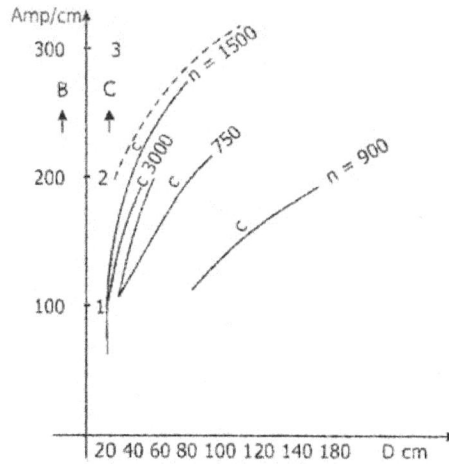

Valores de c a diferentes velocidades

c   constante
B   capa de corriente A/cm
D   diámetro estator en cm

Conexión de un motor trifásico con tensión conmutable.

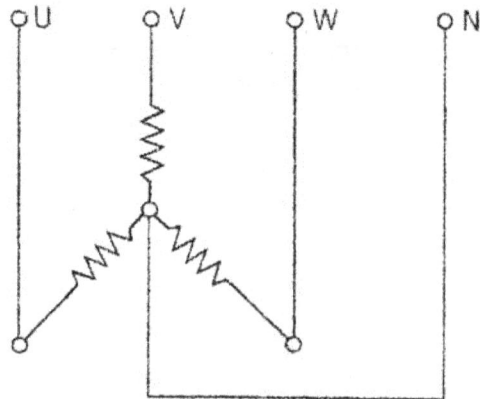

4 terminales

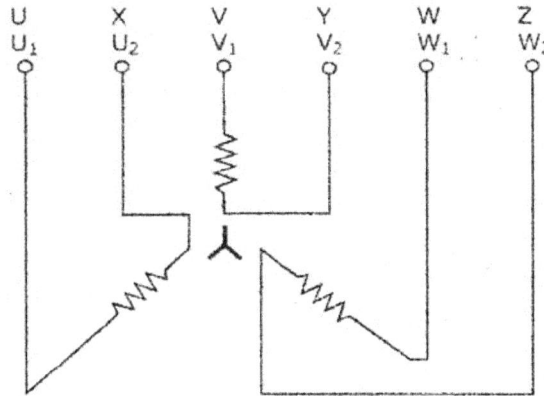

6 terminales

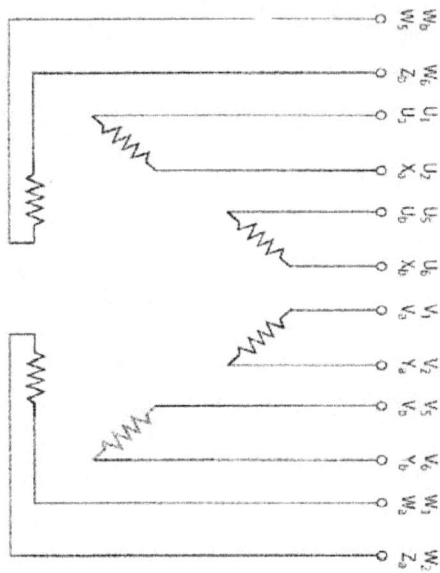

Calentamiento = t° alcanzada -
t° del medio refrigerante

Fórmula de Boucherot:

$$t°_{más} = t°_{media} + a \cdot (t°_{media} - t°_{superf.})$$
Coeficiente a = 0,4 a 0,8

Norma IRAM 2008 Y 2125

12 terminales (conexión serie paralelo)

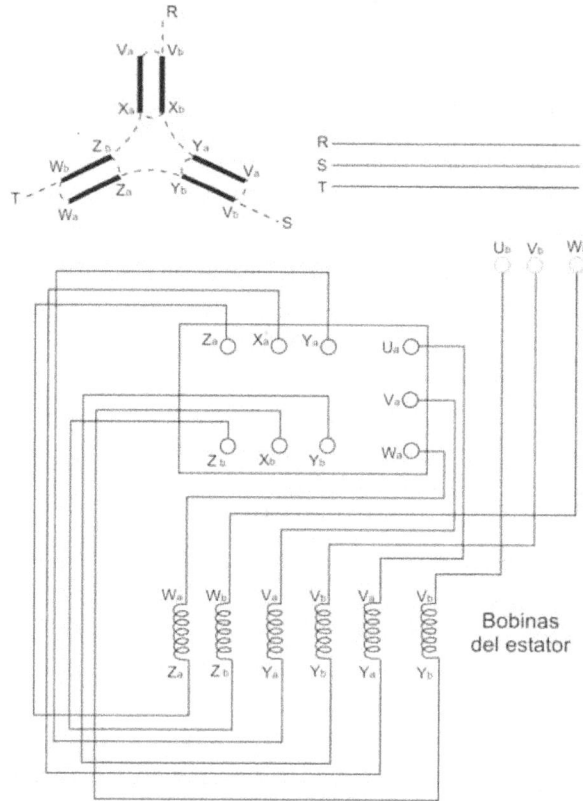

Conexión de un motor trifásico de tensión conmutable.

Ejemplo: Motor 380V estrella arranque directo.
             Potencia 15kW 1500rpm.
             Bornera de 9 bornes y tres libres.

Resistencia de aislación de motores.

Al recepcionar un motor eléctrico, o luego de un período
prolongado de detención, se debe probar la resistencia de
aislación entre el bobinado y su carcasa mediante un megó-
metro u otro instrumento parecido.
Para saber cuándo es conveniente proceder a un secado

de la máquina, se compara la resistencia de aislación medida con los valores mínimos dados en la siguiente tabla:

Potencia HP	Resistencia de aislación (M)	
	Tensión nominal 220V	Tensión nominal 500V
¼	0,25	0,5
½	0,25	0,5
1	0,25	0,5
2 ½	0,25	0,5
5	0,25	0,5
7 ½	0,25	0,5
10	0,248	0,495
15	0,246	0,493
20	0,245	0,490
25	0,245	0,490
30	0,243	0,485
40	0,240	0,480
50	0,238	0,475
60	0,236	0,472
80	0,232	0,463
100	0,227	0,455

Si la resistencia medida entre algún terminal y la carcasa es inferior a la dada, debe sospecharse del aislamiento del motor, y si no se observan desperfectos en los bobinados, se procederá a su secado colocándolos en un lugar seco y caliente, con aire limpio y sin que la temperatura pase de los 90°C.

Cuando no se cuente con un lugar apropiado donde pueda efectuarse el secado del motor, pueden emplearse otros procedimientos. Uno de ellos consiste en colocar estufas alrededor de la máquina y en el interior de la misma, cubriéndola en lo posible a fin de mantener el calor.

Al cabo de un cierto tiempo la humedad de los bobinados tenderá a desaparecer.

El segundo procedimiento utilizable, cuando se dispone del equipo necesario, consiste en alimentar el bobinado con la

salida, a tensión reducida, de un transformador del tipo u-
sado en los equipos de soldadura eléctrica, conectando los
bobinados del motor de manera que no circule por ellos más
corriente que la de plena carga. La corriente se ajusta expe-
rimentalmente a una intensidad que conserve una buena
temperatura, teniendo cuidado de vigilar, en los primeros
tanteos, que la corriente no sea excesiva. Es conveniente
colocar un termómetro entre los bobinados, o varios de ellos
si hay muchos devanados, no permitiendo que la temperatura de éstos ascienda por encima de unos 75°C.
Sea cual fuere el procedimiento adoptado, el principio general a seguir es siempre aplicar calor de manera continua durante un tiempo considerable, de manera que se elimine todo residuo de humedad que pudiera haber quedado com-
prendida en los bobinados, recuperándose del valor correc-
to de la resistencia de aislación. Es recomendable ir efec-
tuando mediciones de dicha resistencia a intervalos periódi-
cos (cada seis horas, por ejemplo), mientras prosigue el secado. Casi siempre se observará, al principio, una cierta dis-
minución de la resistencia de aislación debida a la predispo-
sición de la humedad sobre los bobinados y al calentamiento general de la máquina, cuya resistencia de aislación es
siempre en caliente que en frío. Al cabo de algún tiempo se
comprueba que la resistencia alcanza su valor mínimo y se
estabiliza en él durante unas cuantas lecturas, a partir de lo
cual comienza a crecer hasta llegar a su valor máximo (que,
normalmente, será mucho mayor que el dado en la tabla).
En este momento no existe ningún peligro, desde este punto de vista, en poner el motor en marcha, ya que el aislamiento está completamente seco.

Arranque por reducción de la tensión de alimentación.

Calcular el autotransformador necesario para el arranque de
un motor asincrónico trifásico tetrapolar, 50 hertz, con rotor
de jaula de ardilla, tensión 380V, estator en triángulo y potencia de 120 kW; imponiendo las siguientes condiciones:

a) Una relación $I_d / I_n = 1,2$ siendo I_d corriente en la línea al arranque, I_n corriente en el estator por cable de alimentación del motor en marcha normal;

b) Una relación C_d / C_n igual a 0,305 siendo C_d el par al arranque y C_d el par normal.

Solución:

1° Sea m la relación de transformación del transformador (que en el dibujo para simplificar está representado como monofásico)
U_2 = la tensión reducida
I_d = corriente de arranque a 380V
I_{cc} = corriente de arranque a la tensión U_2
I'_{cc} = corriente en la línea correspondiente al arrancar

Al arrancar el motor funciona como un transformador en corto circuito:

$$I_d = m \cdot I_{cc} = m \cdot m \cdot I'_{cc} = m^2 \cdot I'_{cc}$$

de donde la relación de transformación:

$$m = \sqrt{\frac{I_d}{I'_{cc}}} = \sqrt{\frac{I_d}{1,2\, I_n}} \qquad (I'_{cc} = 1,2\, I_n)$$

I_n es igual a 205A

$$\frac{I_d}{I_n} = \frac{756}{205} = 3,68 \qquad m = \sqrt{\frac{3,68}{1,2}} = 1,75$$

La potencia aparente del autotransformador será la absorbida por el motor al arrancar, pero reducida en la relación:

$$\frac{m - 1}{m}$$

o sea:

$$\sqrt{3} \ U_1 \ I'_{cc} \ \frac{m-1}{m} = \sqrt{3} \ . \ 380 \ . \ 1,2 \ . \ 205 \ . \ \frac{1,75-1}{1,75} = 69,55 kVA$$

En la práctica el autotransformador no está continuamente en circuito, por lo que se puede adoptar una densidad de corriente mucho más elevada, por ejemplo: cinco veces más fuerte.

Bastará pues un autotransformador caracterizado por:

$$m = 1,75 \qquad 14 kVA$$

Se puede demostrar que I_2^2 es proporcional al producto $C_t \ . \ g$ siendo I_2 la corriente del rotor.

$$\frac{C_d}{C_n \ . \ s} = \left(\frac{I_2 \ . \ d}{I_2 \ . \ n} \right)^2 \cong \left(\frac{I_d}{I_n} \right)^2$$

refiriéndose a los índices d al arranque y n a marcha normal a 380V.

El deslizamiento S normal del motor es de 4,2% y tenemos:

$$C_d = C_n \ . \ s \ . \ 3,68^2 = C_n \ . \ 0,042 \ . \ 3,68^2 \cong 0,57 C_n$$

Sea C'_d el par de arranque a la tensión reducida U_2; debemos deducir:

$$C_d = C_n \ . \ 0,305$$

Siendo el par de deslizamiento igual, proporcional al cuadrado de la tensión de alimentación, tendremos:

$$\frac{380}{U_2} = \frac{C_d}{C'_d} = \frac{0,57 \ C_n}{0,305 \ C_n} = 1,37 = m$$

de donde:

$$I'_{cc} = \frac{I_d}{m^2} = \frac{I_d}{1,87} = \frac{756}{1,87} = 405 \text{ Amperes}$$

y la potencia aparente del autotransformador será:

$$\frac{1}{s} \cdot \sqrt{3} \cdot 380 \cdot 405 \cdot \frac{1,37 - 1}{1,37} = 14\,400 \text{VA} \cong 15 \text{kVA}$$

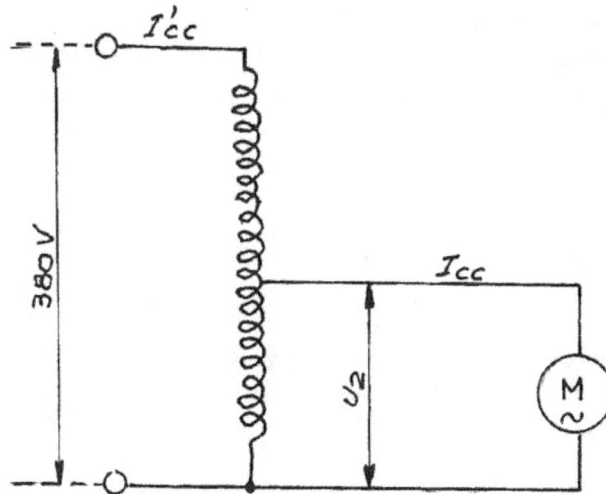

Arranque por reducción de la tensión de alimentación.

Generalidades sobre pruebas de motores.

Determinaciones eléctricas:
Marcación de terminales y sentido de rotación.
Ensayos dieléctricos: aislación y prueba con AT.
Potencia útil.
Rendimiento.
Intensidad nominal, en vacío y arranque.
Cupla nominal, de arranque y máxima.
Factor de potencia.
Resbalamiento.
Diagrama circular.
Sobrecarga momentánea.
Sobrevelocidad.
Variación de tensión.

Determinaciones mecánicas:
Dimensiones.
Cojinetes.
Vibraciones.
Ruido.
Cerramiento.

Norma IRAM 2192 (IEC 72-1 y 2)
Norma IRAM 2053 (marcación terminal)
Norma IRAM 2008 (sentido de rotación)

Prueba de interrupción en rotor de jaula de ardilla.

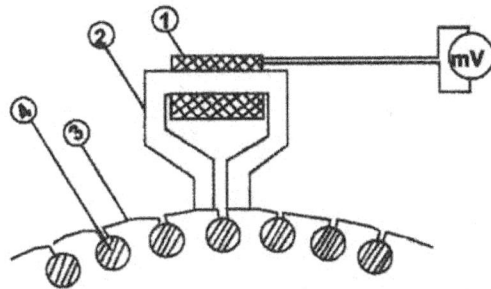

1 - Bobina   2 - Núcleo   3 - Rotor   4 - Barra

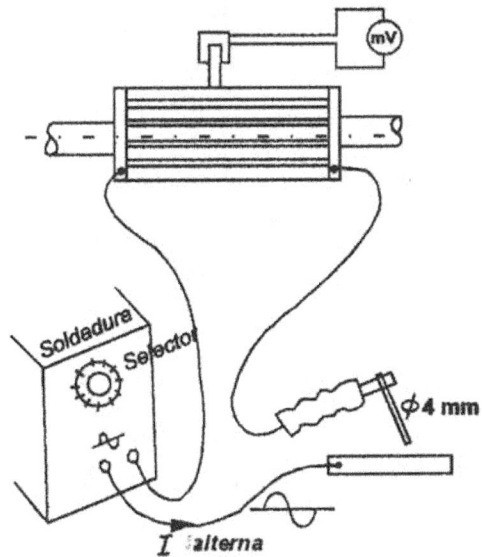

Las indicaciones del milivoltímetro corresponden a paso de corriente por la barra en buen estado.

Motor con fase auxiliar.

Neutro   Fase

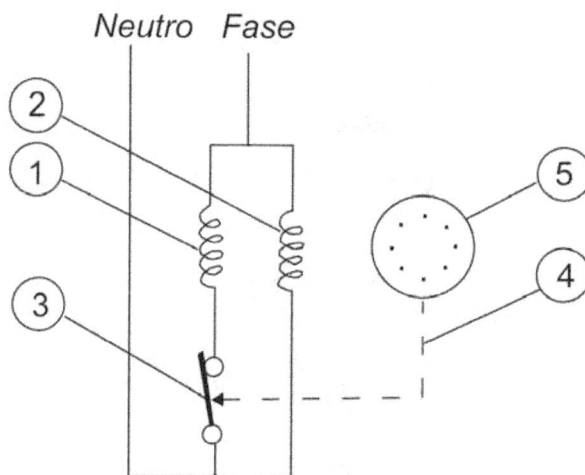

Motor monofásico con fase auxiliar desconectable.

1: Arrollamiento auxiliar.
2: Arrollamiento de trabajo.
3: Interruptor de apertura por contrapesos centrífugos.
4: Dispositivo montado en el eje.
5: Rotor jaula de ardilla.

CAPITULO VI
COMPRESORES, VENTILADORES Y BOMBAS.

Aire libre, aire comprimido.

Siendo:
V_1 m^3 aire libre
P kg/cm^2 manometría
P_a kg/cm^2 atmosférica
V_c m^3 comprimido

$$V_1 = \frac{P + P_a}{P_a} \cdot V_c$$

1 atm = 1,033kg/cm^2

Ejemplo: tenemos 10m^3 a 6kg/cm^2
Cuántos m^3 de aire libre son:

$$V_1 = \frac{6 + 1,033}{1,033} \cdot 10 \quad \mathbf{V_1 = 68,08m^3}$$

La relación de compresión es:

$$\frac{V_1}{V_c} = \frac{68,08}{10} = 6,808$$

Ejemplo 2: tenemos 30m^3 de aire libre. Cuántos m^3 son a 6kg/cm^2

$$V_c = \frac{V_1}{P + P_a} = \frac{30}{6 + 1,033} = \quad \mathbf{V_c = 4,46}$$

Tomando la cilindrada de un compresor tenemos:

$V_{cilindro} \cdot$ rel. comp. = m^3 aire libre

$$r = \frac{P + P_a}{P_a} \qquad \mathbf{V_{cil.} = S_{ecc} \cdot C_{arr}}$$

Ejemplo: consumo m^3 en una carrera con: $V_{cil.}$ = 30lts r = 6,808
Consumo = 30lts . 6,808 = 204l de aire libre

Ejemplo:
D   diámetro cilindrada
n   carreras minuto

$$\text{Consumo} = \frac{0,785 \cdot D^2 \cdot S \cdot n \, (P + P_a)}{1000} \quad P/m$$

S   carrera en cm

Ley de Boyle y Mariotte

$$\frac{P_{inicial}}{P_{final}} = \frac{V_c}{V_f}$$

$P_{inicial}$ y P_{final}: absolutas

Ejemplo: $3m^3$ a $2kg/cm^2$ a 300lts ¿Presión final?

$$P_f = \frac{P_{in} \cdot V}{V} = \frac{(2 \cdot 1,033) \cdot 3}{0,3} =$$

$Pf = 30,33kg/cm^2$ (absoluta)

Ensayo de ventiladores centrífugos.

Cálculos; ejemplos de cálculos.
El ventilador está accionado por un electromotor mediante correa. Aspira el aire directamente de un espacio abierto y lo comprime en un gran recipiente. De éste sale el aire por una tobera de 90mm de diámetro.
Se hicieron las observaciones siguientes:

Electromotor:	E = 112V; I = 18,3A; n = 1215rpm
Ventilador:	n = 2560rpm
Ambiente:	altura barométrica 749mm Col H_2O; temperatura 14°C
Recipiente de aire:	presión efectiva estática 225mm Col H_2O; temperatura 19°C

De estos valores se deducen los siguientes:

Energía eléctrica absorbida:

$$112 \cdot 18,3 = 2050W = 2,78HP$$

Energía cedida por el motor:

$$2,78 \cdot 0,88 = 2,45 \ HP$$

Energía absorbida por el ventilador:

$$2,45 \cdot 0,96 = 2,35HP$$

En la compresión isotérmica de $V_1 m^3$ /seg de aire se absorbe un trabajo:

$$L = p_1 \ V_1 \cdot \ln \frac{P_2}{P_1} \ Kgm/seg$$

Para pequeñas presiones efectivas se puede sustituir esa expresión por:

$$L = (P_2 - P_1) \ V_m \ kgm/seg$$

Como se demuestra a continuación:

$$\frac{P_2}{P_1} = \frac{1 + x}{1 - x} \qquad x = \frac{P_2 - P_1}{P_1 + P_2}$$

$$\ln \frac{P_2}{P_1} = \frac{1 + x}{1 - x} = 2 \left(x + \frac{x^3}{3} + \frac{x^5}{5} + \dots \right) =$$

$$= \sim 2 \ x = \sim 2 \ \frac{P_2 - P_1}{P_1 + P_2}$$

$$L = 2 \ p_1 \cdot V_1 \ \frac{P_2 - P_1}{P_1 + P_2}$$

Siendo V_m el volumen correspondiente a $\dfrac{P_1 + P_2}{2}$ resulta:

$$P_1 \ V_1 = \frac{P_1 + P_2}{2} \cdot V_m$$

Y finalmente:

$$L = (P_2 - P_1) \cdot V_m$$

Bomba Turbina.

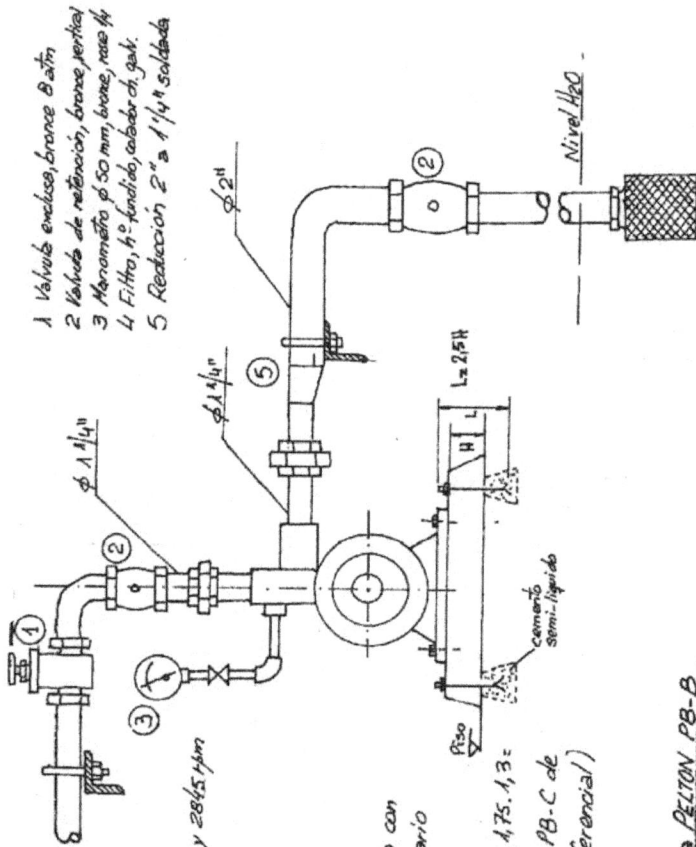

1 Válvula esclusa, bronce 8 atm
2 Válvula de retención, bronce vertical
3 Manómetro φ 50 mm, bronce, rosca 1/4
4 Filtro, H° fundido, colador ch. gal.
5 Reducción 2" a 1 1/4" soldada

Nivel H2O

φ 2"

φ 1 1/4"

φ 1 1/4"

L = 25 ft

cemento
semi-líquido

Piso

Datos con H2O limpia a 30°C y 2845 rpm
tipo PB-B de simple etapa
presión diferencial 6 atm
caudal 2600 lts/h
potencia 1,5 HP

Ejemplo : alimentar caldera con
V_h = 700 ℓ/h caudal necesario
Q_n = 2.700 = 1400 ℓ/h
Caudal bomba a instalar
Q bomba = Q_h . K . M = 1400 . 1,75 . 1,3 =
= 3.185 ℓ/h (instalar una PB-C de
3600 ℓ/h con 6 atm diferencial)

Instalación bomba turbina PELTON PB-B

Dib. por R.N.V. 14-10-04

Ventiladores axiales.

Siendo:
P_i = Potencia interna CV
δ = peso específico en kg/m^3
P_1 = presión de entrada mm Columna de Agua
P_2 = presión de salida mm Columna de Agua
Q_p = caudal en peso kg/seg
Q = caudal en volumen m^3/seg
ρ = rendimiento con pérdidas de carga

$$P_i = \frac{Q_p \,(P_2 - P_1)}{75\rho\delta} = \frac{Q}{75 \cdot \rho}\,(P_2 - P_1) = \frac{10\,m^3/s}{75 \cdot 0,95} \cdot 50mm = 7,01CV$$

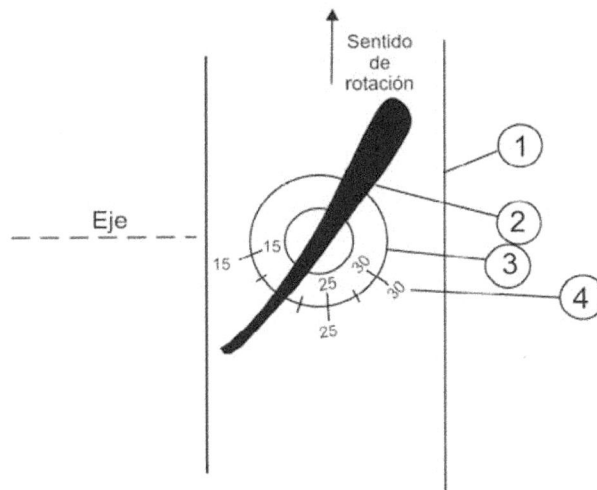

**PALETAS CON ÁNGULO DE ATAQUE VARIABLE
CON ROTOR BLOQUEADO**

VENTILADORES AXIALES

1: Rotor
2: Alabe o Paleta
3: Disco giratorio con graduación en grados de ángulo.
4: Valores en grados.

CAPITULO VII
MONTAJE

Alineación de máquinas.

En el croquis adjunto se puede observar la colocación de los relojes comparadores.

Los comparadores medirán los desplazamientos RADIALES y AXIALES. Se trata de verificar el paralelismo de todos los ejes y superficies. Los valores se toman en 0,01mm con una aproximación o exactitud de 0,05mm en todos los sentidos. Las lecturas tomadas a 90º cada una, girando ambos ejes en el sentido de marcha. Las lecturas de ángulos opuestos se deben dividir por dos para que la diferencia sea la real. Para iniciar lecturas se colocan en cero los relojes. En el sentido axial se compensan las lecturas de los relojes por si hubiese corrimiento axial. Para proceder a correcciones de alineación suplementar bajo las patas según el desplazamiento a corregir.

Con el uso de rayos láser con miras ópticas elimina problemas de flexión en soportes de comparadores y los valores se entregan en un "display" y se dispone de un microprocesador para las correcciones a realizar.

Alineación de acoplamientos rígidos para máquinas rotativas.

Uso del sistema o equipo de precisión laser para alineación de ejes.

Reemplaza con ventajas al sistema con comparadores de aguja, es de más fácil montaje y lectura. Se opera con facilidad, en una pantalla aparecen los gráficos que se usan para guía del trabajo. Se muestra en pantalla la posición del eje. Cuando se realiza la alineación se ingresan las dimensiones y se leen los valores girando los ejes en las posiciones correspondientes a las agujas de un reloj en las 9, las 12 y las 3 horas en punto.

Aclaración de los números indicadores en el dibujo:

1- Cable de conexión de la unidad operativa hasta los emisores laser.

2- Unidad operativa con cables de conexión, gabinete con pantalla LCD de matriz de puntos con alimentación eléctrica desde baterias de 1,5 V (4 x 1,5 V). Puede medir en mm; milésimos de pulgada, con resolución en pantalla de 0,01 mm (0,1 mil. de pulgada)

3- Cabezal de medición (sensor) con diodo de laser visible 635-670 mm. Distancia de operación 10 mts. Detector PSD de 10 mm de lado con lenealidad + 1%, no requiere calibración.

4- Haz de laser entre sensores.

5- Soporte universal con abrazadera a cadena Galle de 3/4"

6- Ejes de las máquinas a acoplar.

7- Acoplamientos de las máquinas.

Equipos que se pueden adquirir: Easy - Laser; SKF y otros.

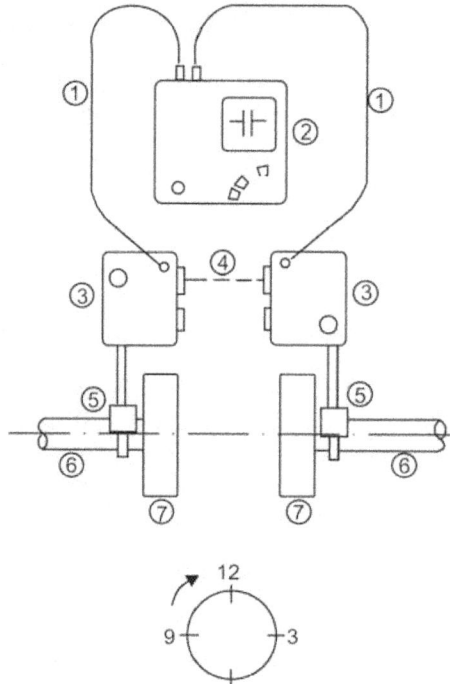

Alineación de Máquinas con Laser

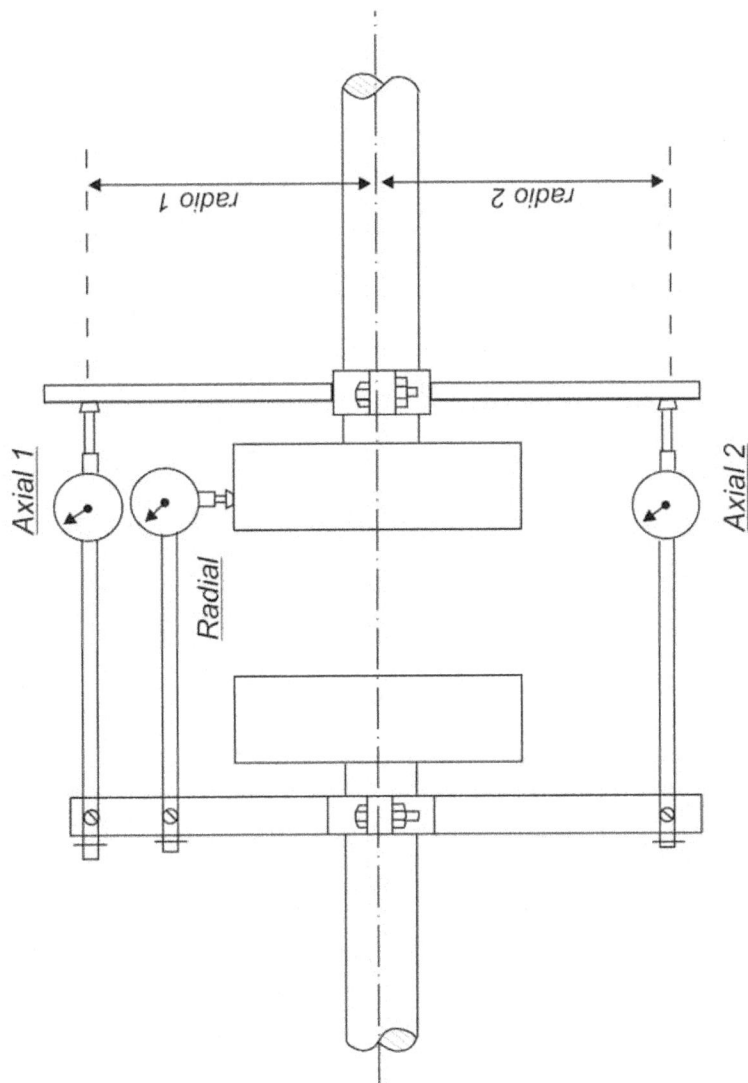

radio 1 radio 2

Axial 1

Radial

Axial 2

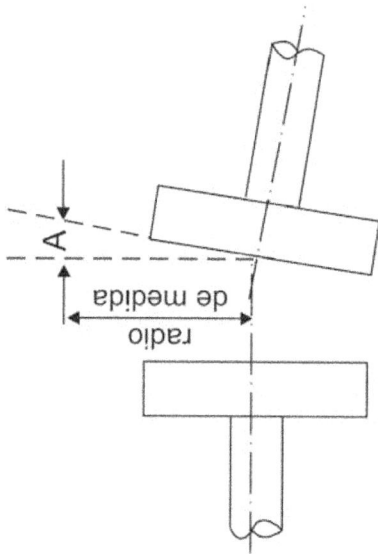

Desalineación axial A (angular)
medida a un radio de distancia
los ejes se cortan

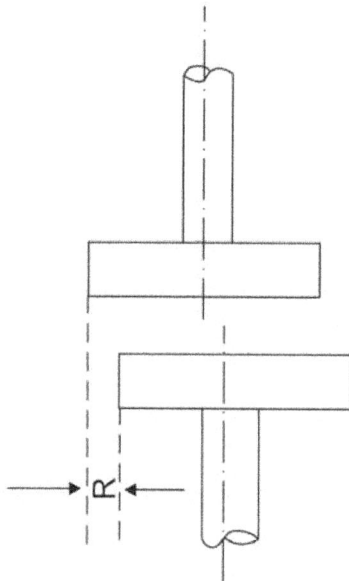

Desalineación radial R
los ejes están paralelos

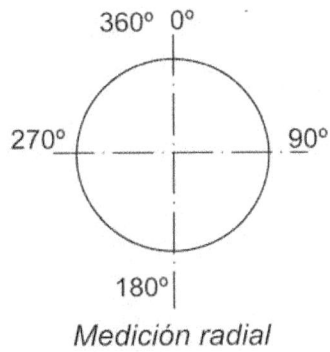

Medición radial

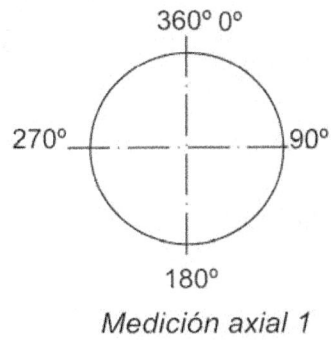

Medición axial 1

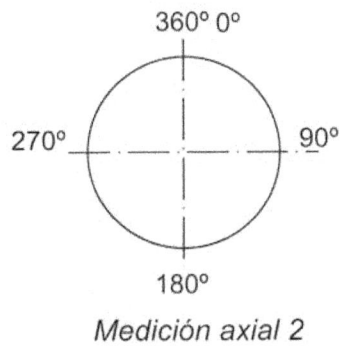

Medición axial 2

*Valores medidos en cuatro posiciones angulares,
las cifras son en centésimos de mm.*

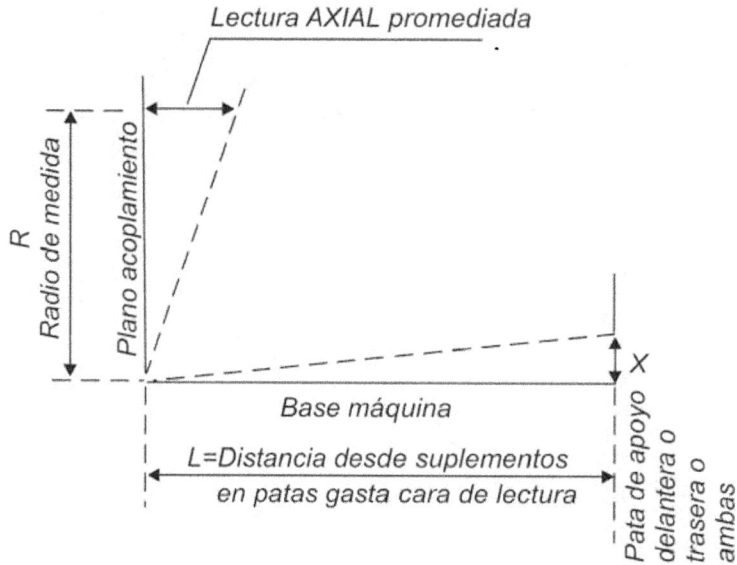

$$\text{Relación de proporcionalidad} = \frac{\text{Lectura AXIAL}}{\text{Radio } R} = \frac{\text{Espesor } X}{L \text{ (distancia)}}$$

$$X = \frac{\text{Lectura AXIAL} \cdot L}{R}$$

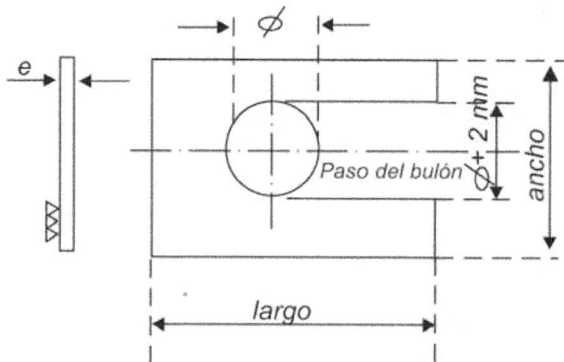

Suplemento: material acero o papel españa

Resortes helicoidales cilíndricos con alambre de sección circular.

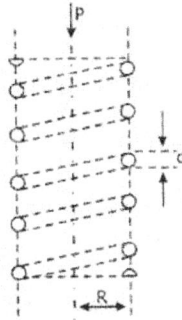

P kg
c contracción del resorte bajo la acción de P
d mm
n espiras completas
R radio medio en mm
L kg/mm² (máximo entre 35 a 38kg)
Er módulo de elasticidad a la torsión

Er para el acero = 8500
Er para el bronce fosforoso = 4500
Er para el laton = 4000

$$P = \frac{d^4 . Er . c}{64 . n . R^3} \; kg$$

Si d = 1mm   R = 10mm   P = 0,71kg

$$c = \frac{64 . n . R^3 . p}{d^4 . Er}$$

$$c = \frac{64 . 5 . 10^3 . 0,71}{1^4 . 8500} = 26,73mm$$

El resorte se contrae 26,73mm bajo la carga dada de 0,71kg

Los aceros para resorte tienen 0,3 a 0,6% de carbono y una resistencia de 55 a 80 kg/mm² ; se templan en agua o en aceite a 800 a 820°C lográndose una resistencia de 115 a 140kg/mm² haciendo un revenido a 450 hasta 500°C.

Alineación de acoplamientos con flexímetro.

Aplicable a acoplamientos directos. Es necesario disponer de algunos milímetros de suplementos para colocar debajo de los cojinetes de ejes a acoplar o en patas de los motores o máquinas a fin de poder rectificar con mayor facilidad cualquier desalineación.

Una alineación exacta es el paralelismo de las caras de los acoplamientos.

Para montar el flexímetro se colocan abulonadas a los manchones, una frente a otra las planchuelas de apoyo del instrumento.

Colocado el flexímetro se girarán los ejes y el aparato indicará en centésimos de mm el lugar de la desalineación y quedará en cero donde haya paralelismo. Según el dibujo el flexímetro se coloca el cero y luego al girar se toman lecturas a 90°, 180°, 270° y 360° anotando los valores en un círculo para ver los que son de planos horizontales y verticales.

Los valores a analizar son las diferencias entre lo leído vertical y horizontal.

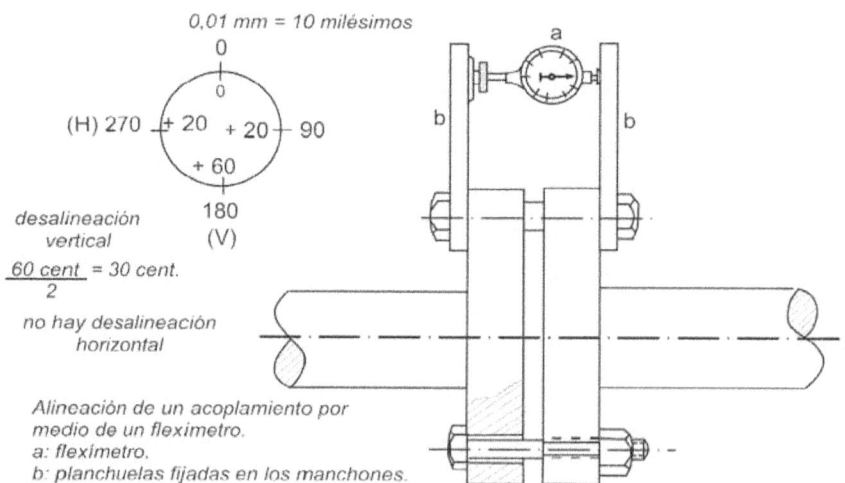

0,01 mm = 10 milésimos

(H) 270   + 20   + 20   90

+ 60

180 (V)

desalineación vertical

$$\frac{60\ cent}{2} = 30\ cent.$$

no hay desalineación horizontal

Alineación de un acoplamiento por medio de un flexímetro.
a: flexímetro.
b: planchuelas fijadas en los manchones.

Bibl.: E.P.J. Schwarzböck
Escuela del Motor Diesel

Señas para movimiento del gancho para carga

Para ordenar que el gancho suba se realiza la señal que indica el dibujo moviendo el dedo índice en forma giratoria alternativamente en ambos sentidos.

La maniobra de bajar el gancho es con el índice hacia abajo en igual forma que el anterior.

Para ordenar el paro se abren ambos brazos y manos estirados a ambos lados del cuerpo.

También hay señales para ordenar el movimiento del telescopio de la grúa y para el movimiento de toda la máquina.

Medidas para colocar tacos tipo Fisher en muros.

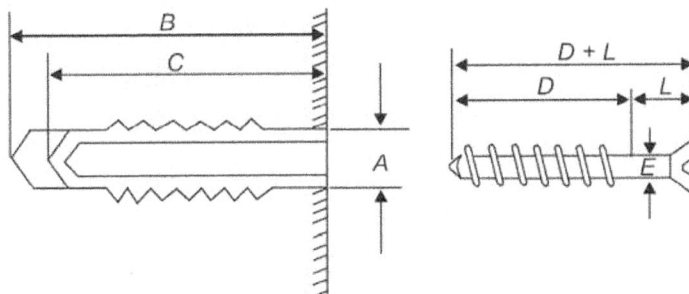

	S4	S5	S6	S7	S8
A Diámetro agujero	4	5	6	7	8
B Largo agujero	25	30	35	35	45
C Largo del taco	20	25	30	30	40
D Largo del tornillo	25	30	35	35	45
E Diámetro tornillo	3	3,5	4,5	4,5	5

Maderas Comerciales - Aplicaciones.

Armado de una empalizada para cerrar una zanja donde se trabaja con un cable subterráneo de media tensión.
Se usan 1: Listones de 1" x 6" (25,4 x 152,4 mm); 2 Alfojias de 1" x 2" (25,4 x 50,0 mm); 3 Alfojias de 1" x 2"; 4 Bulones pasantes. Todos los elementos de madera serán de pino.

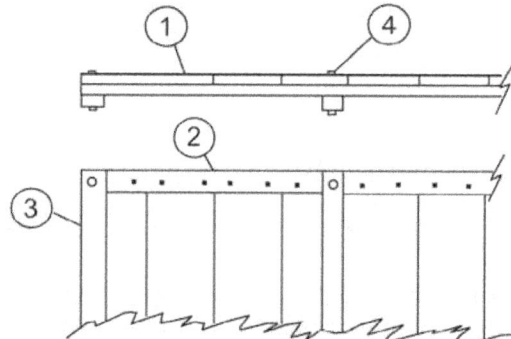

Empalizada de madera

Disposición de un entrepiso de madera con cielo raso inferior compuesto de 1: Piso de tablas simples; 2: Tirante; 3: Vigueta en el espacio entre piso y cieloraso se coloca aislación de fieltro. Las viguetas son de perfil rectangular de 3" x 4", se colocan separadas a 60 cm; la luz del entrepiso es de 3,50 m.

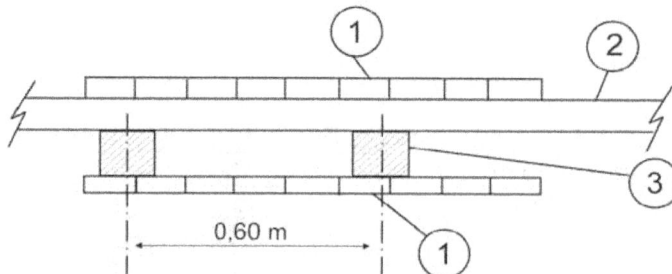

0,60 m

Entrepiso de madera con cielo raso inferior

Ensambladura de madera (a media madera) armada con pasadores de acero.

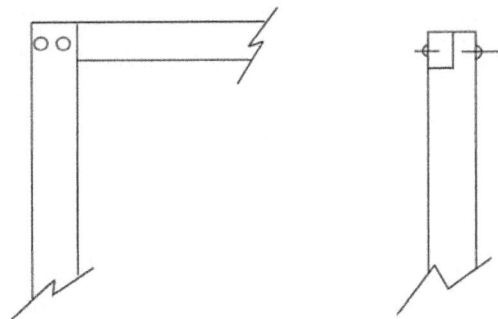

Ensambladuras de madera (a media madera)

Montaje de tubería.

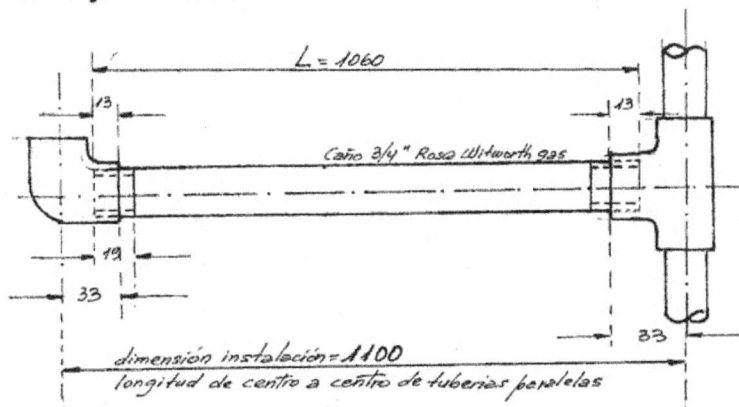

Calculo de L (largo a cortar del tubo y luego roscar: de 1100 mm restamos las dimensiones de los accesorios : 1100 −(33+33)= 1034 mm a 1034 mm le sumamos la rosca que entra a los accesorios: 1034 + 13 +13 = 1060 mm = L

Montaje de una tubería teniena en cuenta las dimensiones de curvas y tee según normas.

MECÁNICA: Rendimiento

Problema: Mediante 100 vueltas de manivela de un cabres-
tante se eleva una carga G = 1000Kg a 5m ¿Qué valor tiene
el rendimiento?

Siendo A_n el trabajo útil tenemos:
A_n = G . H = 1000 . 5 = 5000Kgm

Siendo A_z = F . s = F.π. d . 100 = 20Kg .π.1 . 100 = 6280 Kgm

$$\eta = \frac{A_n}{A_z} = \frac{5000}{6280} = 0,8 = 80\%$$

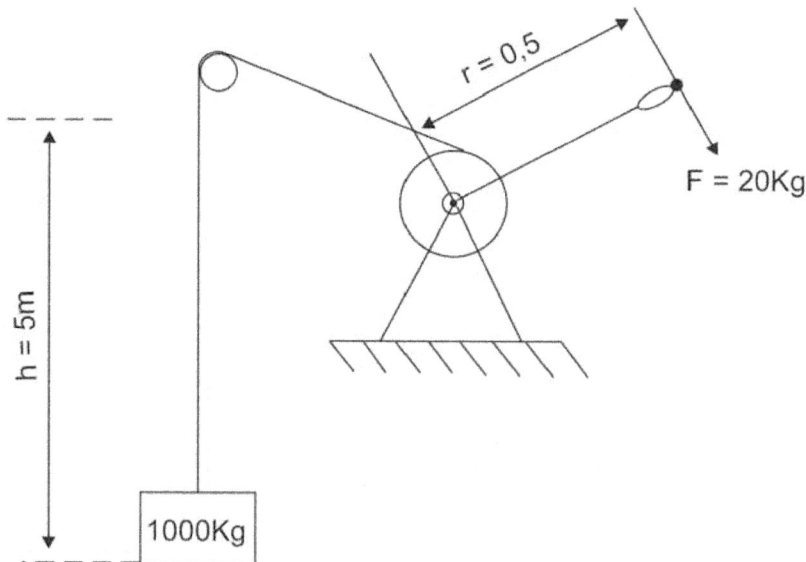

Corte de tubos; métodos de medición.

Corte de tubos a su longitud, metodo de medición. Cortado con cortador de tubos con rueda cortante.

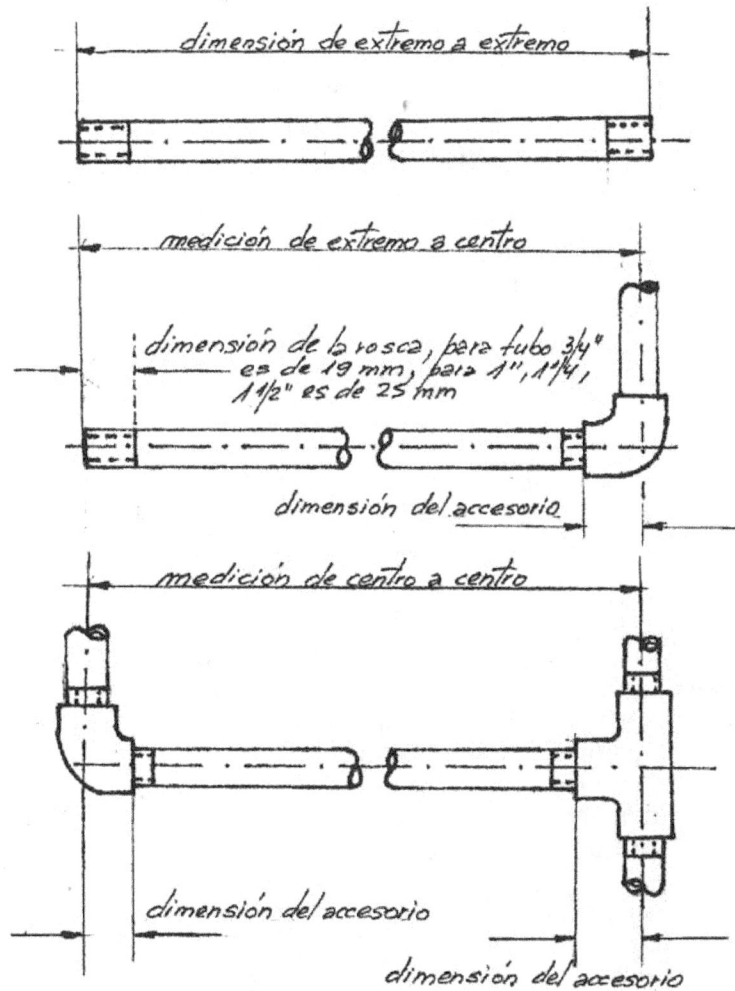

dimensión de extremo a extremo

medición de extremo a centro

dimensión de la rosca, para tubo 3/4" es de 19 mm, para 1", 1"/4, 1 1/2" es de 25 mm

dimensión del accesorio

medición de centro a centro

dimensión del accesorio

dimensión del accesorio

Selección de tubos según normas ASTM.

Utilización como tubería de conducción. Tubos lisos para conducción de agua a temperatura normal.
ASTM: American Siciety for Testing and Materials.

Tubos de conducción: en USA denominados "pipe".
Las condiciones de trabajo son: presión 16kg/cm^2, temperatura 25°C.

Se elije un tubo sin costura para conducción y soldado para montaje denominado A53, del tipo negro, terminado en caliente o en frío indistintamente.
A53 tipo S: tubo sin costura acero grado A, liso de 10", acero con 0,048% de fósforo y 0,06% de azufre.
La máxima temperatura de trabajo del A53 es 400°C.

Cálculo del espesor mínimo.

Fórmula según ASTM y ASA

$$t_m = \frac{PD}{2S + 2\,y\,P} + C$$

o

$$P = \frac{2S\,(t_m - C)}{D - 2y\,(t_m - C)}$$

donde:
t_m = espesor mínimo de pared del tubo, mm
P = presión interna de trabajo kg/cm^2
D = diámetro exterior mm
S = tensión admisible por la presión interna a la temperatura de trabajo kg/cm^2
C = variación por roscado, esfuerzos mecánicos o corrosión, mm= 1,52mm (tubo biselado)
Y = coeficiente por temperatura = 0,4 para la temperatura menor a 482°C

La tensión S según ASA = $1.265 kg/cm^2$ para 38°C

Verificamos el espesor t_m necesario:

$$t_m = \frac{PD}{2S + 2\,y\,P} + C = \frac{16kg/cm^2 \cdot 273mm}{2 \cdot 1.265kg/cm^2 + 2 \cdot 0,4 \cdot 16kg/cm^2} =$$

$$= + 1,52mm = \qquad t_m = 3,24mm$$

Elegimos un tubo con $t_m = 4,78mm$ y lo aplicamos en la fórmula de P para constatar si es apto para $16kg/cm^2$

$$P = \frac{2S\,(t_m - C)}{D - 2\,y\,(t_m - C)} = \frac{2 \cdot 1.265kg/cm^2 (4,78mm - 1,52)}{273mm - 2 \cdot 0,4\,(4,78 - 1,52)} =$$

$$P = 30,50\ kg/cm^2$$

Adoptamos:
Tamaño nominal en pulgadas = 10 (273mm⌀ext.)
Espesor 0,188" (4,78mm)
Peso teórico tubo liso = 31,471 kg/m
Identificación del tubo: A.P.I.: SL SLX

Dilatación de tubos de acero bajo la influencia del vapor.

Alargamiento en mm/m
Tubería de 4" de acero largo tramo recto = 30m
Para 220°C; mm/m = 2,7676
Alargamiento total: 30m . 2,7676 mm/m = 83mm
Tubería de cobre de 1" largo tramo recto = 10m
Para 100°C; mm/m = 1,596
Alargamiento total: 10m . 1,596 mm/m = 15,96
Para 220°C; mm/m = 3,5112, largo 30m
Alargamiento total: 30m . 3,5112 mm/m = 105,33mm

*El *Cu* dilata más que el acero.

Rosca de gas para caños.

Norma IRAM 5063.
Rosca interna cónica p cilíndrica.
Rosca externa cónica.
Conicidad 1:16

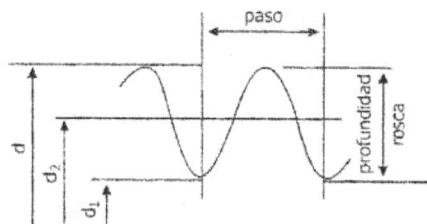

Designación IRAM	Ø mm	Ø rosca			Paso P	Hilos 1"	Profundidad rosca
		d	d2	d1			
G 1/2	6	9,728	9,147	8,566	0,907	28	0,581
G 1/4	8	13,157	12,301	11,445	1,337	19	0,856
G 3/8	10	16,662	15,806	14,950	1,337	19	0,856
G 1/2	15	20,955	19,793	18,631	1,814	14	1,162
G 3/4	20	26,441	25,279	24,117	1,814	14	1,162
G 1	25	33,249	31,770	30,291	2,309	11	1,479
G 1 1/4	32	41,910	40,431	38,952	2,309	11	1,479
G 1 1/2	40	47,803	46,324	44,845	2,309	11	1,479
G 2	50	59,614	58,135	56,656	2,309	11	1,479
G 2 1/2	65	75,184	73,705	72,226	2,309	11	1,479
G 3	80	87,884	86,405	84,926	2,309	11	1,479
G 3 1/2		100,330	98,851	97,372	2,309	11	1,479
G 4	100	113,030	111,551	110,072	2,309	11	1,479
G 5	125	138,430	136,951	135,472	2,309	11	1,479
G 6	150	163,830	162,351	160,872	2,309	11	1,479

Selección de caños de goma.

Caño aspirante para aspiración de agua en diámetro 2": elegimos de goma natural con superficie exterior negra ondulada con telas y refuerzos de alambre interior invisible sin uniones, largo 10m.

Caño expelente para aire comprimido en diámetro de 1 ½ "
presión de trabajo 7kg/cm^2 : elegimos color negro, liso, con
refuerzo de trenzas y/o tela, diámetro interior 1 ½ " (38mm),
presión máxima de trabajo 21kg/cm^2.

Caño para vapor, diámetro 2" (51mm), presión 2kg/cm^2 : elegimos color negro, liso, con refuerzo de tela, diámetro interior 2" (51mm), presión máxima de trabajo 5,2kg/cm^2 .

Mando de Grúa.

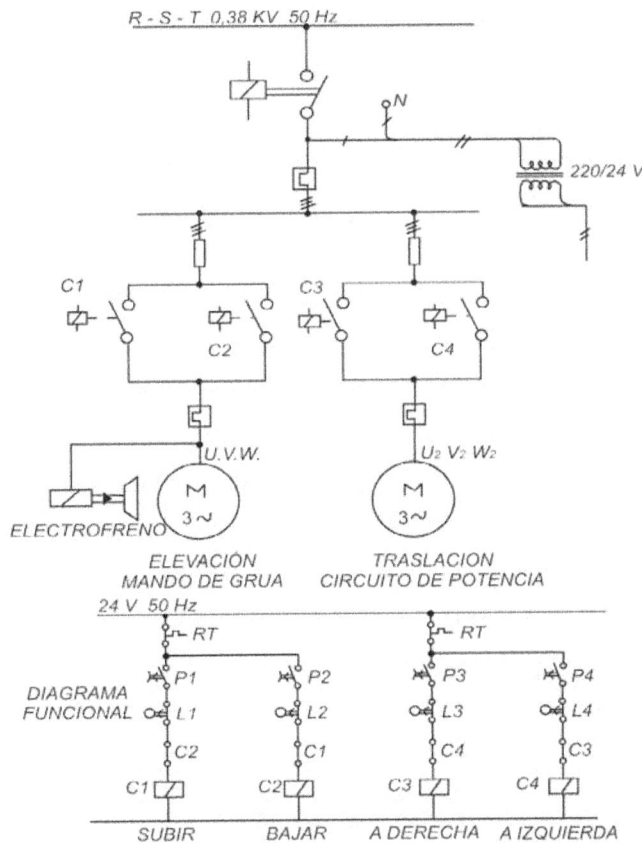

R - S - T 0,38 KV 50 Hz

220/24 V

C1   C2   C3   C4

U.V.W.   U$_2$ V$_2$ W$_2$

ELECTROFRENO

ELEVACIÓN   TRASLACION
MANDO DE GRUA   CIRCUITO DE POTENCIA

24 V 50 Hz

DIAGRAMA
FUNCIONAL

RT   RT

P1   P2   P3   P4
L1   L2   L3   L4
C2   C1   C4   C3
C1   C2   C3   C4

SUBIR   BAJAR   A DERECHA   A IZQUIERDA

Máquina para soldadura por puntos.

Ejemplo de dimensiones de una máquina tipo SIEMENS según datos del manual del Ing. Electricista de Singer. Posición selector 2-3 chapa a soldar 1,5mm electrodos diámetro 5mm tiempo para un punto 0,5 seg puntos por hora 1500 consumo 1kWA.

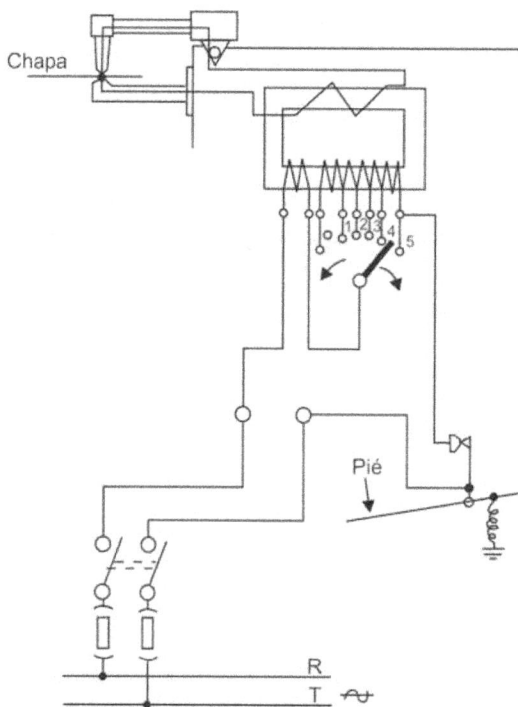

CAPITULO VIII
INSTRUMENTOS

Transformadores de intensidad Tipo Aro.

Son de núcleo anular para barra o cable pasante y los denominados tipo ARO. Tienen una resistencia dinámica muy elevada debido a que constan de un solo conductor primario, o sea ante cortocircuitos es ilimitado al igual que la intensidad límite térmica que es elevada.

| 6 vueltas | 4 vueltas | 3 vueltas |

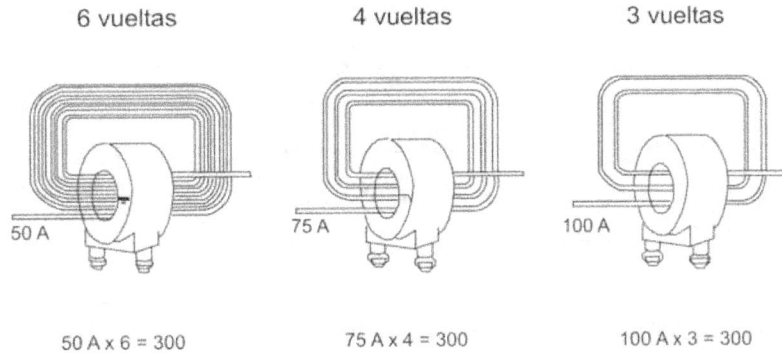

| 50 A | 75 A | 100 A |

| 50 A x 6 = 300 | 75 A x 4 = 300 | 100 A x 3 = 300 |

En el dibujo se muestra la disposición para medir intensidades menores a 100A haciendo pasar el cable portante varias vueltas por el hueco.

Las relaciones de transformación se obtienen según fabricantes desde 100/5A hasta 600/5A en baja tensión con potencias desde 1,5VA hasta 5VA para alimentar instrumentos y relevadores de protección.

Los huecos para cobre ponente van desde 13mm de diámetro hasta 17mm.

Transformador de tensión intemperie.

Peso 40kg, potencia en clase 1 = 200VA, norma IRAM 2271
Material: resina cicloalifatica.

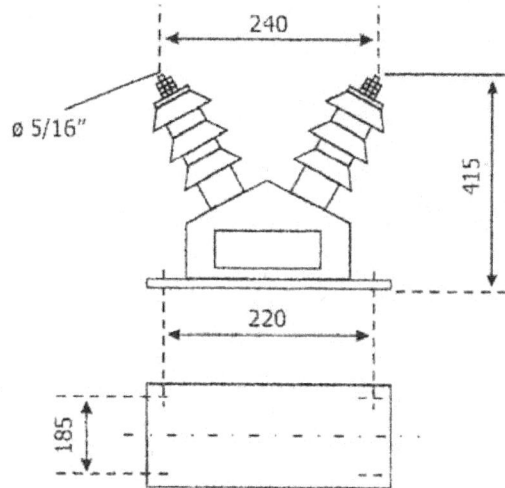

Transformador de intensidad intemperie.

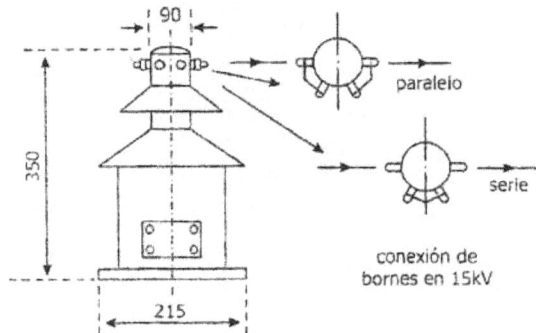

$I_{primaria} \le 500A$
$I_{secundaria} = 5A$
Peso = 15kg

Uso del amperímetro de pinza.

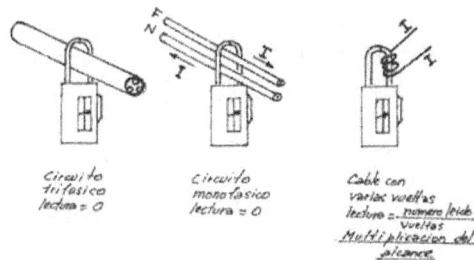

Circuito
trifasico
lectura = 0

Circuito
monofasico
lectura = 0

Cable con
varias vueltas
lectura = número leido
vueltas
Multiplicacion del
alcance

Conexión de un milivoltímetro a barra.

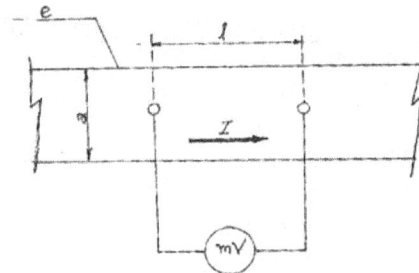

Uso del milivoltímetro.

El trozo de barra entre bornes del mV tiene una resistencia de:

$$R = \frac{P.l}{S} = \frac{0,018 \; \frac{\Omega mm^2}{}. 0,2m}{1.500m^2} = 0,24 . 10^{-5}\Omega$$

Siendo ρ cobre = $0,018\frac{\Omega mm^2}{m}$ $l = 0,2m$ $S = a . e = 1500mm^2$

La caída entre bornes del mV es:

$$\Delta\mu = R . l = 0,24 . 10^{-5}\Omega . 2000A = 0,48 . 10^{-2} = 4,8mV$$

Con este método se pueden medir intensidades de **alto valor en** electrólisis usando el mV en barras de cobre o aluminio.

<u>*Verificación de un amperímetro de un gabinete rectificador para electrólisis.*</u>

Las barras son de aluminio espesor 3mm, hay 4 barras en paralelo unidas entre sí formando una sección con ancho 120mm, por lo tanto la sección total es 1440mm².
El largo de las barras que forman el shunt del amperímetro es de 1,415m.
El valor ρ de resistividad del aluminio es: $\dfrac{0,02828\,\Omega mm^2}{m}$

La resistencia de las barras del shunt es $2,7789 \cdot 10^{-5}\,\Omega$
Cuando en el amperímetro se leían 850A en el mV se leían 21mV que con la resistencia del shunt nos daba una lectura equivalente de 792A, o sea 58A menos.
Con 1300A, 39mV y 1367A, o sea 67A más
Con 2080A, 60mV y 2159A, o sea 79A más.
Para la precisión necesaria se dejó el mismo amperímetro en operación.

Método para medir intensidades de c.c. sin disponer de amperímetros con alcance adecuado.

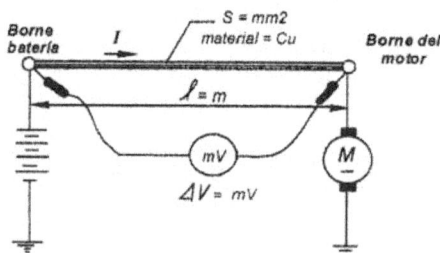

$$R = \rho \cdot \frac{\ell}{s} = \frac{\Omega\,mm2}{m} \cdot \frac{m}{mm2} = \Omega$$

$$I = \frac{V}{R} = \frac{mV}{\Omega} = A$$

Siendo R la resistencia del cable de borne a borne en ohm.

Curva A/mV para barras de cobre.

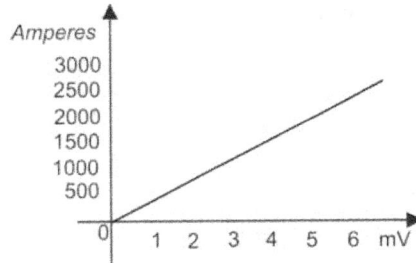

Curva A/mv para barra de cobre de espesor 10 mm ancho 150mm
y longitud 200mm entre bornes del mV

Multímetros digitales.

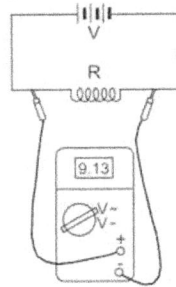

$1 \ mV = \dfrac{1}{1000}$ $1000V = 1kV$

Medición de tensión con el tester

Circuito de un ohmetro serie.

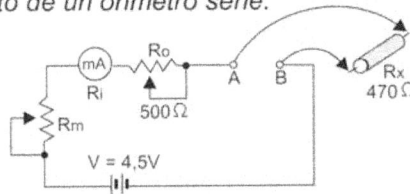

Ajustando R_o y R_m hasta que el mA marque cero estando A
y B en corto circuito. En ese instante la $R_T = R_o + R_m + R_i$
(R_m resistencia de protección).
Al introducir R_x la $R_T = R_o + R_m + R_i + R_x$ por lo que:

$$I = \frac{V}{R_i + R_o + R_m + R_x} \quad \text{(Ley de ohm)}$$

Hemos convertido un mA en un Ω serie.
Si $R_x = 0$ el mA indica el máximo de intensidad, si $R_x = \infty$
La $I = 0$.
Para calibrar usamos una batería de 4,5V. En el circuito la
$R_x = 470 \Omega$ como ejemplo para construir una escala de mA
en Ω.

Resistencias adicionales para instrumentos.

Son para protección de aparatos.
Ejemplo: Línea de 220V e instrumento de 160V y 10A
Cálculo:

$$\Delta U = 220 - 160 = 60V$$
$$R_{adicional} = \frac{60V}{10A} = 6\Omega$$

Resistencia adicional para voltímetro.

Siendo:
r = resistencia interna del voltímetro en ohm
R = resistencia externa adicional en ohm
e = tensión a fondo de escala del voltímetro (V)
U = tensión a medir (Volts)
La diferencia de potencial es:

$$\Delta U = e \cdot \left(\frac{R + r}{r} \right)$$

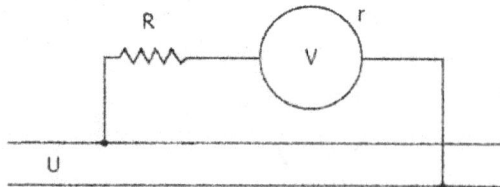

Saturación de transformadores de intensidad.

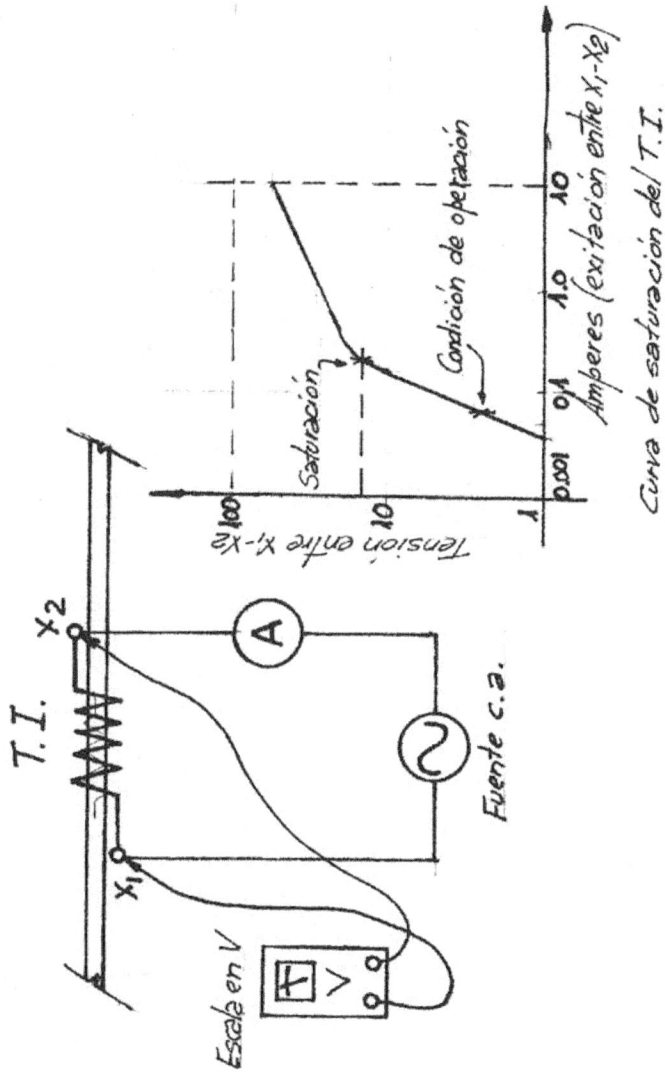

Prueba de saturación de un transformador de intensidad.

Prueba de circuito externo de un transformador de intensidad.

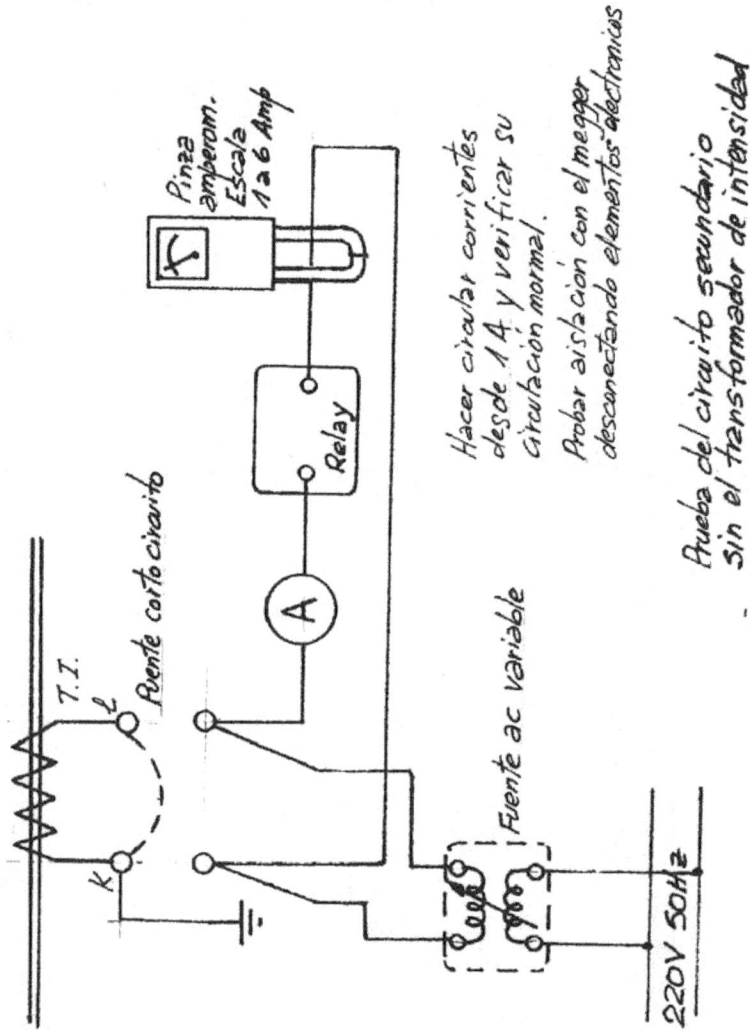

Pinza amperom.
Escala
1 a 6 Amp

Relay

Fuente corto circuito

T.I.

Fuente ac variable

220V 50Hz

Hacer circular corrientes desde 1 A y verificar su circulación normal.

Probar aislación con el megger desconectando elementos electrónicos

Prueba del circuito secundario sin el transformador de intensidad

Polaridad de transformador.

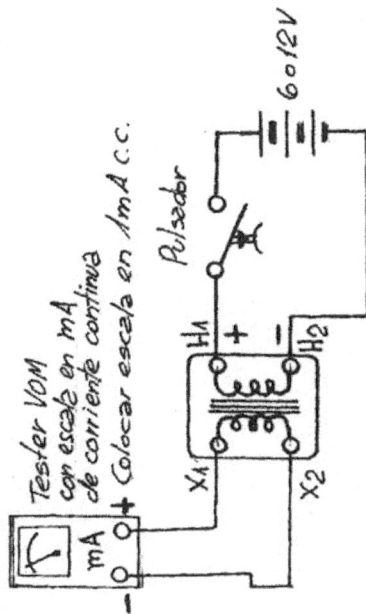

NOTA: Si la aguja defle-xiona hacia los valores altos de la escala, las polaridades $X_1 - X_2$; $H_1 - H_2$ son correctas.

Tester VOM con escala en mA, de corriente continua

+ Colocar escala en 1 mA c.c.

mA

Pulsador

H_1

H_2

6 o 12 V

X_1

X_2

La polaridad en los transformadores es importante para circuitos de relés diferenciales y direccionales por las fases que se relacionan entre sí.
Si (+) está conectado a X_1 en el tester.
En la batería el (-) a uno de los terminales primarios no identificados. Apretar el pulsador y soltar, ver la deflexion de la aguja.

Verificación de polaridad en un transformador

Relación de transformación en transformadores para medición.

En operación de relays o relevadores para comando y protección en circuitos de potencia es muy importante obtener relaciones exactas entre primario y secundario cuando medimos intensidades de corriente. Para medir en el laboratorio la relación de transformación que tendremos en operación se procede de la siguiente manera:

a) Medir el número de vueltas del bobinado del transformador de intensidad aplicando una tensión de corriente alterna al secundario y medir la salida de tensión en el primario realizando en el hueco del mismo un arrollamiento provisorio auxiliar con algunas vueltas de cable.
La relación de transformación de intensidad es de un valor recíproco a la relación de tensiones medidas en el ensayo.

Siendo: I_p Corriente en el prmario
          I_s Corriente en el secundario
          U_p Tensión de ensayo en el primario
          U_s Tensión de ensayo en el secundario

Tenemos:

$$R_{\text{de intensidades}} = \frac{I_p}{I_s} \quad \textit{(nominal según chapa de características)}$$

$$R_{\text{de tensiones}} = \frac{U_s}{U_p} \quad \textit{(del ensayo)}$$

Ejemplo: Tenemos según chapa de características un TI de 600/5 Amperes. En el ensayo se inducen 120V en el primario como salida de una tensión de entrada en el secundario que es de 1V.

Entonces:

$$\frac{V_s}{V_p} = \frac{120V}{1V}$$

$$\frac{I_p}{I_s} = \frac{600A}{5A}$$

Relaciones $\frac{120}{1}$ V $= \frac{600}{5}$ A

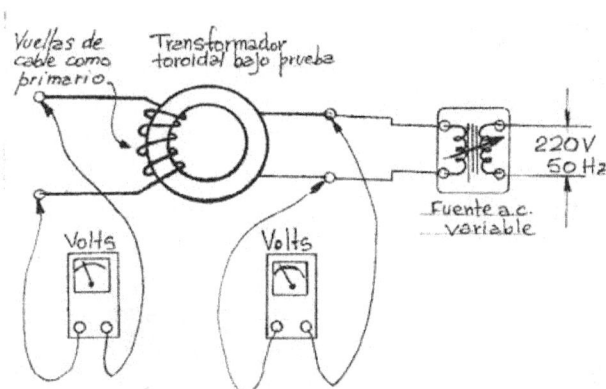

Verificación de la relación de transformación

Calibración de instrumentos electrónicos.

Para calibrar un instrumento con varios rangos de medida con un selector e 1-5V; 0-10mV; 10-50mV, realizamos el montaje del circuito indicado en el dibujo adjunto. Averiguar el valor de la R_{A-B} para lograr valores de 3,5V; 7,6mV; 33m V en cada posición del selector.
Para 3,5V ponemos una R de 250Ω hacemos pasar una I de:

$$I = \frac{3,5V}{250\Omega} = 0,014A$$

Para 7,6mV una R de $2\,\Omega$

$$I = \frac{0,0076V}{2\Omega} = 3,8mA$$

Para 33mV una R de 10Ω

$$I = \frac{33mV}{10\Omega} = 3,3mA$$

Para 14mA con fuente de 24V tenemos que regular la R_T en:

$$R_T = \frac{24V}{14mA} \cdot \frac{1000}{1000} = 1,714$$

$$R_T = 900\Omega + R_1 + R_2 + 250\Omega =$$

Colocando R_1 en 0 averiguamos el valor de R_2 (fino)
$$R_2 = 1,714 \cdot 1000 - 900 - 250 = 564\,\Omega$$

Para el resto de los valores se procede en igual forma.
Los valores de R_1 y R_2 se ajustan repartiendo entre ambos.
Los 24V de c.c. deben ser regulados y estabilizados con
precisión.

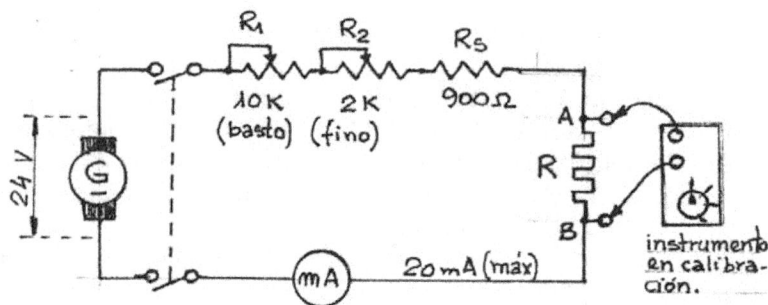

Calibración de instrumentos electron.

Fuente ajustable para calibración.

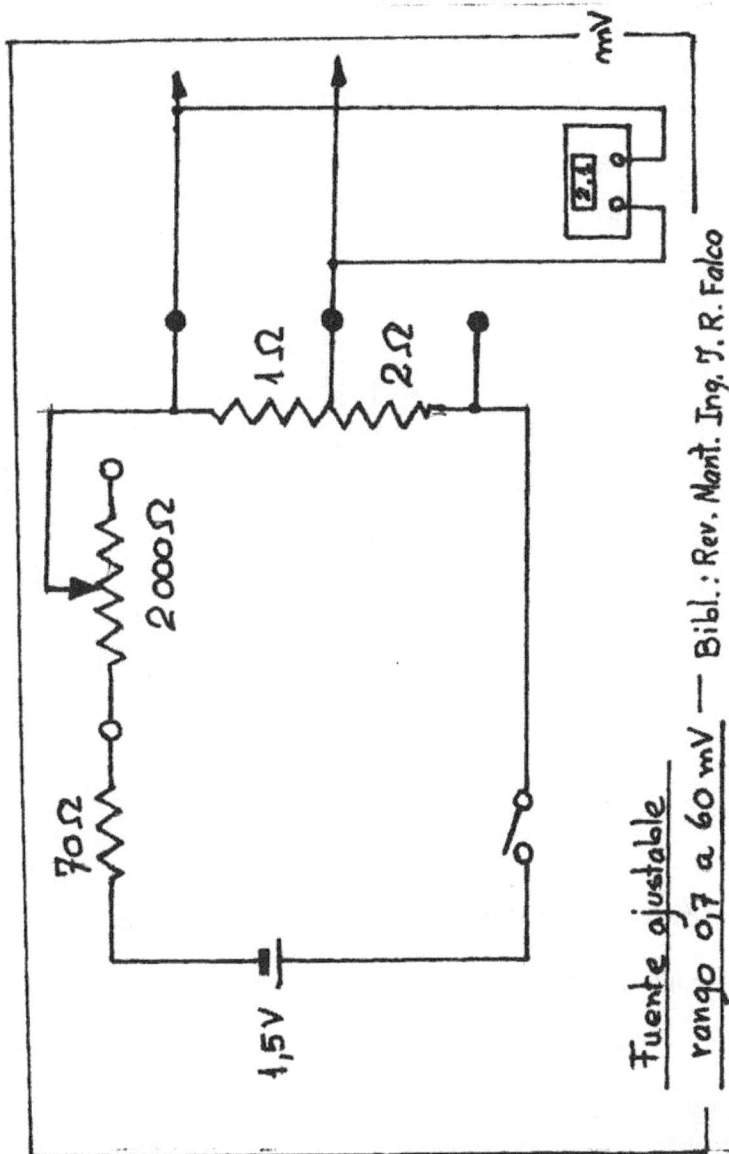

Fuente ajustable
rango 0,7 a 60 mV — Bibl.: Rev. Mont. Ing. J. R. Falco

Controlador electrónico de nivel.

Controlador electrónico de nivel
con sondas para agua

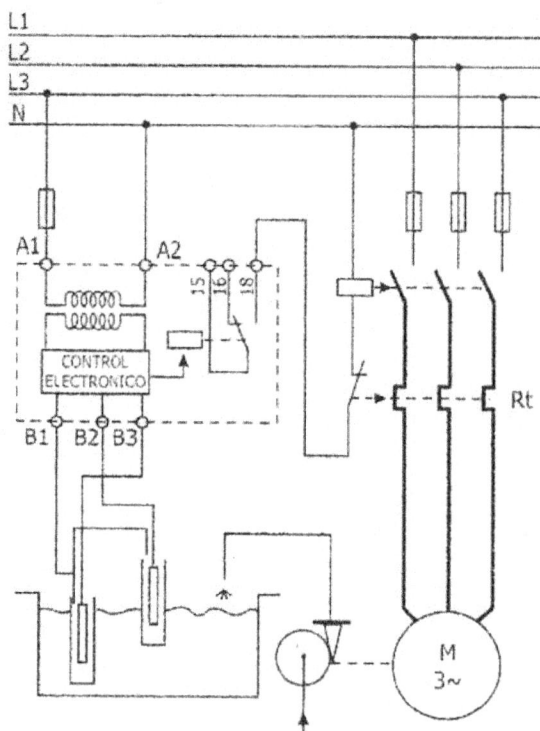

Determinación del punto de avería de un cable.

Medir las resistencias R_X y R_Y con algún método.

$$L_X = \frac{5}{0,07} (R_X + R_Y) + \frac{L}{2}$$

$$L_Y = \frac{5}{0,07} (R_X + R_Y) + \frac{L}{2}$$

Si el material del cable es cobre:

$$R = \frac{\rho \cdot l}{S} \quad ; l = \frac{R \cdot S}{\rho} = \frac{\Omega \cdot mm^2}{\frac{\Omega \cdot mm^2}{m}} = m$$

$$l_x = \frac{L}{2}$$

$$\rho_{Cu} = 0,017 \; \frac{\Omega \cdot mm^2}{m}$$

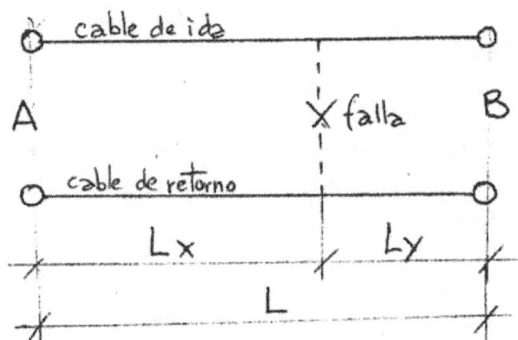

Localización de defectos de líneas.

Faltas más conocidas en las líneas:
a) Un conductor tiene contacto a tierra y el otro está en buen estado.
b) Ambos conductores tienen contacto entre sí, con o sin contacto a tierra al mismo tiempo (corto circuito entre conductores).
c) Uno de los conductores está roto sin que exista falta de aislamiento (conductor cortado).

Métodos de medida o de búsqueda de falla:
a) Para éste caso se usa el "Método del bucle o lazo, de Murray"

b) Caso de corto circuito: por un método cualquiera se mide primeramente la resistencia de los dos segmentos de línea comprendidos entre el origen A y el lugar del defecto. Así se mide también la resistencia de paso en el lugar de falta R, con lo que:

$$R_x = \frac{2\,L_x\,\rho}{5} + R_f$$

Después se mide también a partir del otro extremo de la línea B obteniéndose:

$$R_Y = \frac{2\,L_Y\,\rho}{5} + R_f$$

Entre éstas dos ecuaciones puede eliminarse la resistencia de la falla R_f que es desconocida. Designado con $L = L_x + L_Y$ la longitud de uno de los hilos de la línea, se obtendrá por transformación de las ecuaciones:

$$L_x = \frac{5}{4\,\rho}\,(R_x - R_Y) + \frac{L}{2} \quad \text{mts.}$$

$$L_Y = \frac{5}{4\,\rho}\,(R_Y - R_x) + \frac{L}{2} \quad \text{mts.}$$

Siendo s la sección del conductor y su resistencia específica ($C_u = 0{,}0175$).
El resultado es si R_f no es muy grande y no varía.

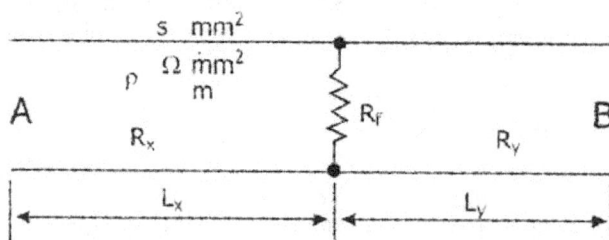

Caudalímetro para líquidos.

Tiene salida de 4 a 20mA o pulsos; cuerpo de aluminio, nylon o acero inoxidable; turbina de teflón.

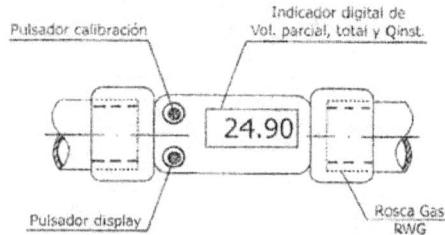

Caudales a medir: rangos de 1 hasta 760 lts/min conexión a cañerías de ½ " hasta 2".

Medición en un generador monofásico.

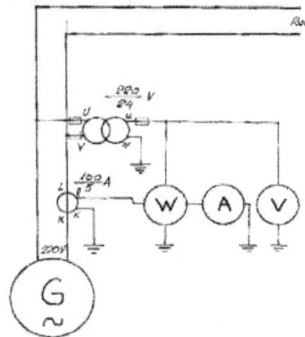

Transformador de intensidad; flujo magnético.

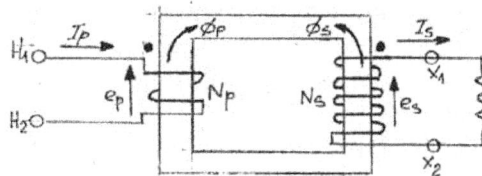

Transformador de intensidad con circulación de intensidades y flujos magnéticos.

Identificación de instrumentos en planos y esquemas

Según NORMA ISA (Instrument Society of America) ISA-S5
En el primer esquema hemos diseñado un control de temperatura para un horno con quemador de gas con control
manual de la combustión.

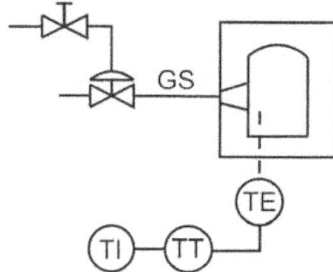

Control de temperatura - Lazo abierto

En el esquema que sigue hemos diseñado un control de
temperatura automático de lazo cerrado para un tanque
con serpentín de vapor y válvula de diafragma.

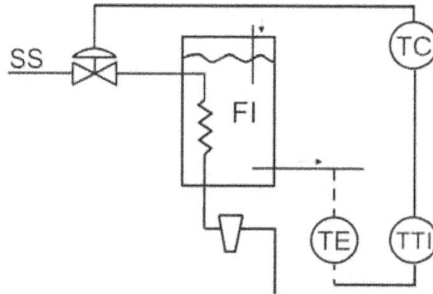

Control de temperatura - Lazo cerrado
Las letras en los esquemas expresan lo siguiente:
GS Alimentación con gas (gas supply)
TE Elemento primario de temperatura (termocupla.)
TT Transmisor de temperatura.
TI Indicador de temperatura.
SS Alimentación con vapor.
FI Tanque con caudal circulante.
TC Control de temperatura
TTI Transmisor de temperatura con indicador de valor.

Uso de termocupla.

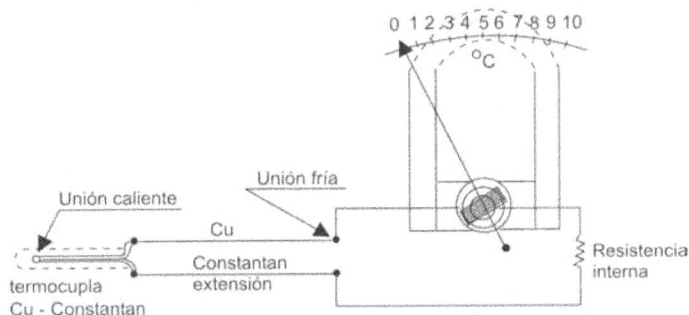

Tabla I.

Pt = Pt radio		Pt - Pt Iridio		Ag-Costantan		Cu-Costantan	
°C	mV	°C	mV	°C	mV	°C	mV
200	1,5	200	2,8	100	3,7	-187	-5,2
400	3,3	400	5,8	200	8	-80	-2,6
600	5,3	500	7,2	300	12,9	0	0
800	7,4	600	8,7	400	18,1	100	4,1
1000	9,6	700	10,4	500	24		
1200	12	800	12	600	30		
1400	14,4	900	13,6	650	32,3		
1600	17	1000	15,2				

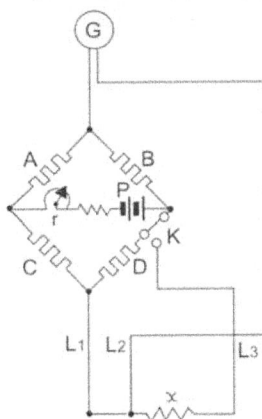

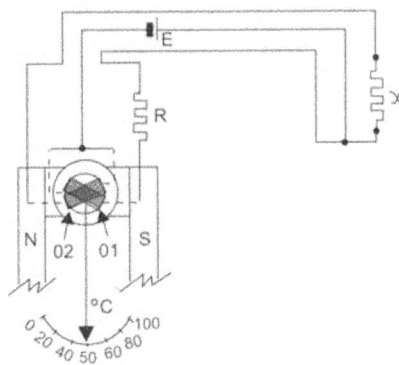

Conexión en puente monofásica Graetz.

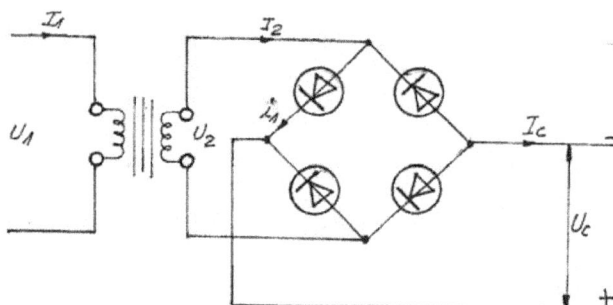

Medición de potencia en corriente alterna.
Conexiones de medidores trifásicos de 3 sistemas para energía activa.

Estos medidores son para conectar a líneas tetrafilares con carga desequilibrada y tensiones asimétricas.

Admiten sobrecarga de 200% con régimen permanente.

Para conectar 380V entre fases y 220V entre fases y neutro con 50Hz.

Corriente directa hasta 100A.

Consumo propio 1W la bobina voltimétrica y 0,3W a 2,2W la bobina amperométrica.

Errores de +1% como máximo a 100% de intensidad nominal y $COS\varphi = 1$.

Admite regulaciones o calibraciones de carga inductiva, carga reducida, de cupla motriz y carga nominal.

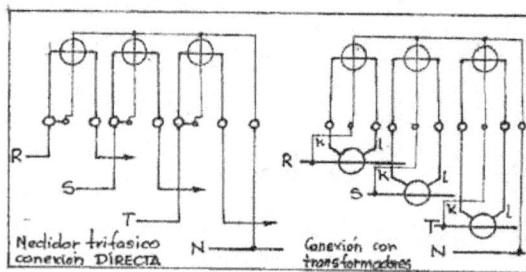

Medidor de potencia
en corriente alterna.
Tres sistemas.

Medición de potencia en corriente alterna.

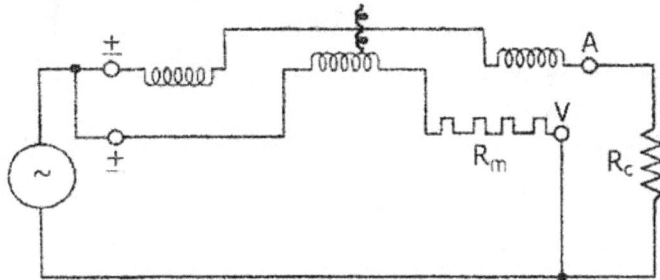

Bobinas en serie entre borne ± y A son de intensidad.

Entre borne ± y V de tensión.

R_m resistencia multiplicadora.

R_c resistencia de carga.

Para $COS \varphi = 1$ I y V están en fase; con un par máximo para medir potencia.

Si I y V desfasan 45° el wattímetro mide menos y a 90° el valor indicado será nulo.

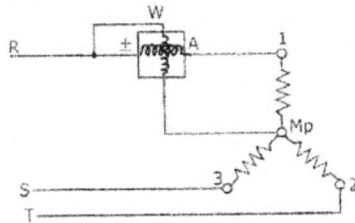

Medición con un wattímetro carga equilibrada. Bobina de I negra de V gris. Potencia total = Lectura x 3

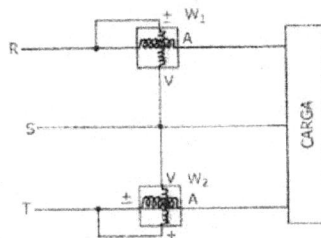

Potencia total = suma de $W_1 + W_2$

Transmisor neumático tipo Foxboro.

Fuerza de cada fuelle: $F_1 = P_1 . S_1$; $F_2 = P_2 . S_2$; $F_3 = P_3 . S_3$

Fuerza del resorte: F_5

Fuerza del diafragma del piloto: $F_4 = P_4 . S_4$ $(P_4 = P_{SAL})$

Ecuación del transmisor:

$$F_1 . L_1 + F_4 . L_2 - F_5 . L_2 = F_2 . L_1 + F_3 . L_2$$

$$F_4 = \frac{F_2 . L_1 + F_3 . L_2 - F_1 . L_1 + F_5 . L_2}{L_2}$$

$$P_{SAL} = \frac{F_4}{S_4} = \frac{3 \text{ a } 15 \text{ PSI}}{(0,21 \text{ a } 1,05 \text{ kg/cm}^2)}$$

L_1 y L_2 palancas de momentos.

Ejemplos: Para el sistema de la figura se supone que en los fuelles 1, 2 y 3 no hay presión aplicada. Calcular la presión que debe introducirse en la cámara del fuelle 2 para que la presión de salida o P_4 sea de 1,7 kg/cm^2.

$P_2 = X$ $S_2 = 6\text{cm}^2$
$P_4 = 1,7 \text{ kg/cm}^2$ $S_4 = 24\text{cm}^2$

No tomamos en cuenta la fuerza del resorte F_5 y la hacemos igual a cero.

$$P_3 . S_3 . L_2 + P_2 . S_2 . L_1 = P_1 . S_1 . L_1 + P_4 . S_4 . L_2$$

$$P_2 . S_2 . L_1 = P_4 . S_4 . L_2$$
$$P_2 . 6 . 10 = 1,7 . 24 . 5$$

Siendo $L_1 = 10$ cm y $L_2 = 5$ cm

$$P_2 = \frac{1,7 . 24 . 5}{6 . 10} = 3,4 \text{ kg/cm}^2$$

P_1: Presión de ajuste o SET POINT
P_2: Presión de señal desde el proceso
P_3: Presión de banda proporcional
P_4: Presión de acción sobre válvula del proceso
F_5: Fuerza del resorte ajustable como un SET POINT

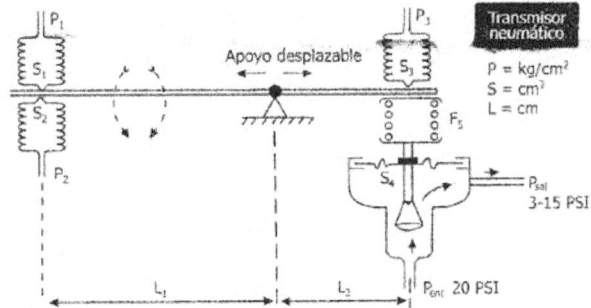

CAPITULO IX
TRANSFORMADORES

Cálculo de un transformador pequeño.

Es un transformador trifásico conexión estrella / estrella.
Relación de transformación = 3 a 1
Determinar:

N$_1$ espiras primarias   S$_1$ sección de espiras mm^2
N$_2$ espiras secundarias   S$_2$ sección de espiras mm^2

La sección del núcleo es:

$$S = 7,3cm \cdot 1,9cm = 13,9cm^2$$

Según Ing. Riu en Electrotecnia Industrial:

para S = 13,9cm^2 corresponden 136W de potencia

y también:

para 8000 líneas/cm^2 y S = 13,9cm^2 corresponden 4 espiras por voltio

por lo tanto:

N$_1$ = 220V . 4esp./volt = 880 espiras
N$_2$ = 72V . 4esp./volt = 290 espiras

La intensidad de corriente será en el secundario:

$$I_2 = \frac{136W}{72V \cdot 1,73} = 1,09A$$

Con una densidad de 1,6A/mm^2

$$S_2 = \frac{1,09}{1,6} = 0,68 \text{ adoptamos } 0,70mm^2$$

En el primario:

$$I_1 = \frac{136W}{220V \cdot 1,73} = 0,36A$$

$$S_2 = \frac{0,36A}{1,6A/mm^2} = 0,22mm^2 \qquad \text{adoptamos } 0,20mm^2$$

Esquema de conexión transformadores rurales.

Suministro trifásico con dos transformadores de dos aisladores de alta tensión.

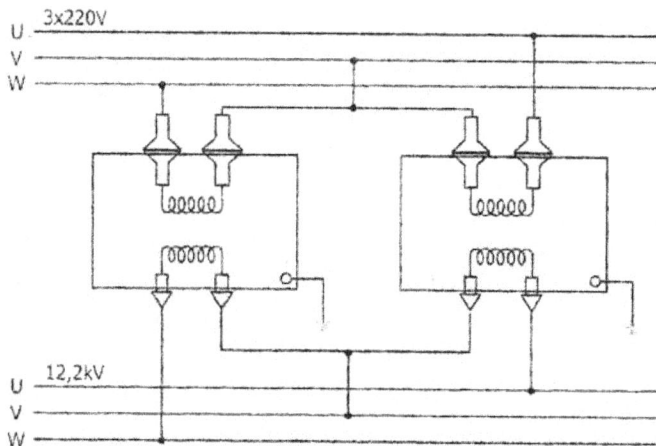

Diseño de un autotransformador.

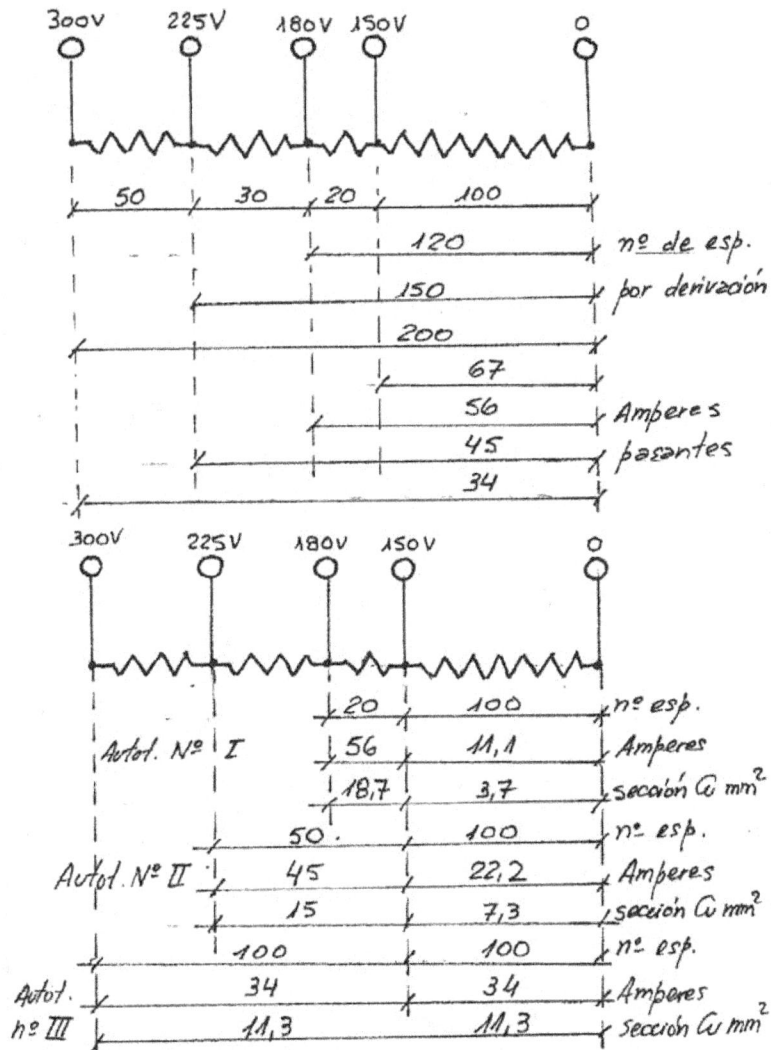

Ejemplo para diseño de un autotransformador de 10kW con coseno $\varphi = 1$. No tenemos en cuenta la caída de tensión ni pérdidas en el arrollamiento para evitar complicaciones en el procesamiento.

Se proveerá el arrollamiento de tres transformadores mono-fásicos para tensión primaria 150V en los tres casos. Tensiones secundarias de 180V, 225V y 300V. Dadas las dimensiones del núcleo y los valores de inducción (en base a la frecuencia) en el hierro, se tiene una f.e.m. Por espira igual a 1,5V. Las proporciones son las siguiente:

$$E_1 : N_1 \qquad E_2 : N_2$$
$$E_1 = 1,5V \qquad N_1 = 1 \text{ espira}$$

Por lo tanto tendremos:

Para 150 V: $\quad \dfrac{150}{1,5} = 100 \text{ espiras}$ $\qquad$ primario

Para 180V: $\quad \dfrac{180}{1,5} = 120 \text{ espiras}$ $\qquad$ secund.autot. I

Para 225V: $\quad \dfrac{225}{1,5} = 150 \text{ espiras}$ $\qquad$ secund.autot. II

Para 300V: $\quad \dfrac{300}{1,5} = 200 \text{ espiras}$ $\qquad$ secund.autot. III

Se arrollarán en el núcleo 100 espiras primarias y luego en el mismo sentido 20 espiras para la relación 150/180V; 50 espiras para 150/225V; y 100 espiras para 150/300V.
Ahora calculamos las intensidades de corriente para cada relación de transformación en base a 10000W.

Para 150V: $\qquad \dfrac{10000}{150} = 66,66A$

Para 180V: $\qquad \dfrac{10000}{180} = 55,55A$

Para 225V: $\dfrac{10000}{225} = 44,44A$

Para 300V: $\dfrac{10000}{300} = 33,33A$

Según la fórmula VA = $(I_2 - I_1) \cdot E_2$ **Voltamperes**
Para la relación 150/180V

66,66 - 55,55 = 11,11A *en el primario*
66,66 - 11,11 = 55,55A *secundario*

Para 150/225V: 66,66 - 44,44 = 22,22 *primario*
66,66 - 22,22 = 44,44 *secundario*
Para 150/300V: 66,66 - 33,33 = 33,33 *primario*
66,66 - 33,33 = 33,33 *secundario*

Admitiendo una densidad de corriente de 3A/mm^2 de Cobre con enfriamiento en aceite las secciones de cobre serán:

Para 56A   18,7mm^2 de Cobre
Para 45A   15mm^2 de Cobre
Para 34A   11,3mm^2 de Cobre
Para 22A   7,3mm^2 de Cobre
Para 11A   3,7mm^2 de Cobre

La construcción del arrollamiento la haremos de esta manera:

| Primario | | Espiras | Sección |
V	A		mm^{2}Cu
150	67 (11)	100	3,7
150	67 (22)	100	7,3
150	67 (33)	100	11,3

| Secundario | | Espiras | Sección |
V	A		mm^{2}Cu
180	20	20	18,7
225	45	50	15
300	34	100	11,3

NOTA: *entre paréntesis las intensidades reales.*

Autotransformadores.

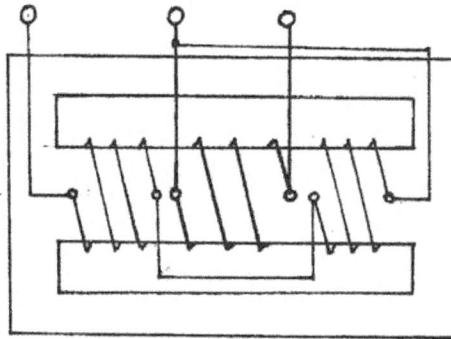

MONOFÁSICO

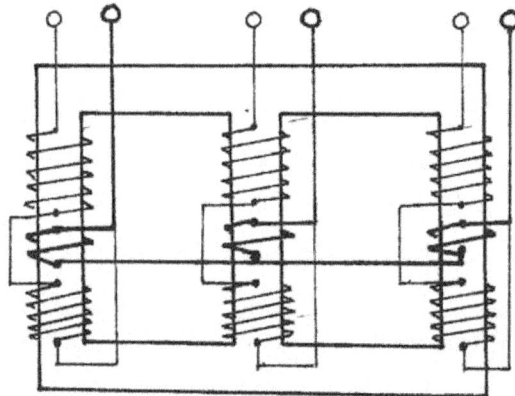

TRIFÁSICO

Relación de transformación conveniente 1:3 ÷ 1:4
Mejor utilización del cobre con tensiones 220 : 260V
Potencia VA = (I_2 - I_1). E_2 Volt amperes
I_2 intensidad secundaria I_1 intensidad primaria
E_2 tensión secundaria.

Estación Transformadora; problema.

En una subestación reductora está montado un transformador trifásico de 5000kVA con sus datos conocidos siguientes:

AT   30kV *triángulo*   pérdidas en el cobre 18120W
BT   6kV *estrella*   pérdidas en el cobre 17700W

Calcular:
a) la relación de transformación
b) la resistencia por fase de ambos devanados

a)

$$i = \frac{30}{6} = 5$$

b)

$$I_1 = \frac{5 \cdot 10^6}{1,732 \cdot 30 \cdot 10^3} = 96,3A$$

$$I_{1\,fase} = \frac{96,3}{1,732} = 55,6A \qquad I^2{}_{1\,fase} = 3092$$

$$R_{1f} = \frac{6040}{3092} = 1,953\Omega$$

$$I_2 = I_{2f} = \frac{5 \cdot 10^6}{1,732 \cdot 6 \cdot 10^3} = 481A \qquad I^2{}_{2f} = 481^2 = 231361$$

$$R_{2f} = \frac{5900}{231361} = 0,0255\Omega$$

Paralelo de transformadores.

1) Igual tensión Primaria Nominal.
2) Igual relación de transformación en vacío.

3) Caídas de tensión IR e IX iguales a toda carga.
4) Polaridades relativas iguales.
   Pertenecer al mismo grupo de conexiones.
   Igual desfasaje entre tensiones primarias y secundarias.
   Igual tensión de corto circuito y COSφ de corto circuito.

Transformadores de distribución 12,2 / 0,4kV

Potencia kVA	Peso kg	Aceite Lts
25	360	125
63	600	190
100	780	230
125	880	280
160	1150	325
200	1250	390
250	1450	400
315	1670	540
500	2150	660
630	2460	720
800	2980	920
1000	3600	1000

Problema sobre transformadores.

El núcleo de un transformador con pérdidas de vacío reducidas para una potencia **nominal** de 50kVA y 10000/400V, tiene las dimensiones del dibujo.
Calcular las pérdidas en vacío en Watts.
La pérdida por kg = 1,16W P_e = 7,6kg/dm^3

$G = peso$

$G = 2G_1 + 3G_2$

$G_1 = 1,2 . 1,25 . 6,1 . 7,6 = 69,5kg$

$G_2 = 1,2 . 1,25 . 3,5 . 7,6 = 39,9kg$

$$G = 2 \cdot 69,5 + 3 \cdot 39,9 = 139 + 119,7 = 258,7 kg$$

$$P_o = 258,7 kg \cdot 1,16 W/kg = 300 W$$

Expresar los 300W en % de la Potencia total = 50kVA

$$\% = \frac{300 \cdot 100}{50000} = 0,6\%$$

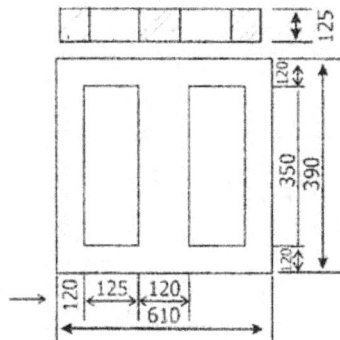

Polaridad.

Si un terminal de un transformador tiene marca de polaridad se puede reconocer instantáneamente la polaridad de los voltajes inducidos. Esto sirve para su puesta en paralelo o para su conexión en estrella o triángulo en los sistemas trifásicos y también para mediciones de potencia, intensidad y tensión.

Las marcas de polaridad en le lado "alta tensión" llevan las letras H. Mirando el transformador desde el lado de tensión más alta la salida del lado derecho se denominará H_1 y teniendo a izquierda la H_2, H_3 y siguientes. Además la tensión entre H_1 y H_3 será mayor que entre H_1 y H_{+2}.

En el circuito secundario o de "baja tensión" serán marcados X_1, X_2, X_3 y siguientes. X_1 estará del mismo extremo que H_1.

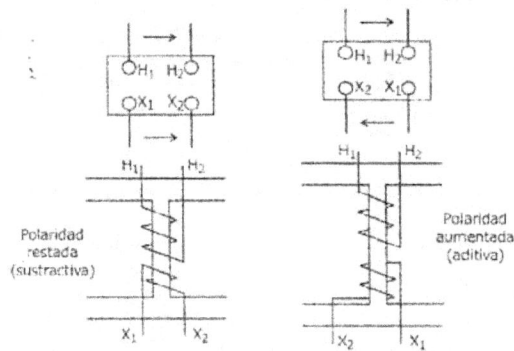

Polaridad restada (sustractiva)

Polaridad aumentada (aditiva)

Una salida sustractiva surge de la razón siguiente:

Si se conectan juntas H_1 y X_1, y se aplica una tensión muy reducida entre H_1 y H_2 la tensión que se medirá entre H_2 y X_2, que es un circuito en SERIE formado por ésta conexión, nos dará la diferencia de tensión entre ambos bobinados. La tensión de la bobina de baja tensión es opuesto a la tensión de alta y la resta potencial.

Si las salidas H_1 y X_2 son unidas y se aplica tensión reducida a H_1 y H_2; la tensión entre H_2 y X_1 del circuito serie de ésta conexión realizará la suma de ambos voltajes de bobinas de alta y baja; conexión sumatoria o aditiva o de aumento.

Un ejemplo de conexiones monofásicas son transformadores que tienen el secundario en dos secciones (bobinado dividido) se puede observar en el dibujo. Si conectamos en serie obtenemos mayor tensión; un paralelo: menor.

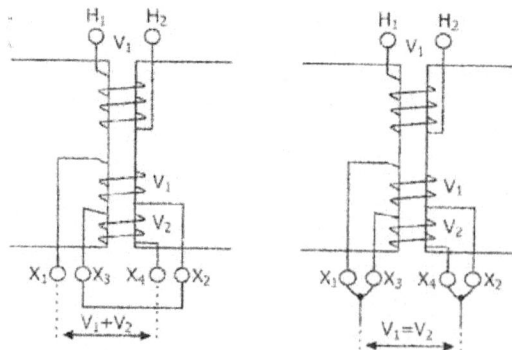

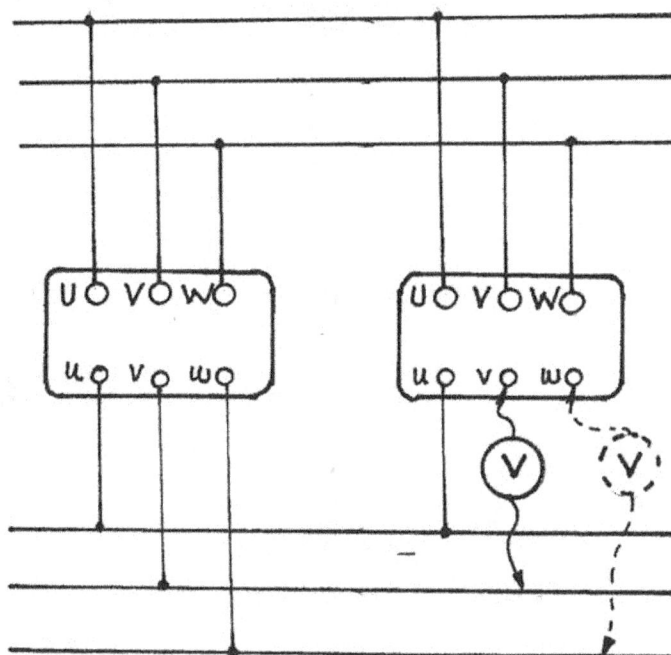

Conexiones para buscar fases iguales en el acoplamiento de transformadores en paralelo, el voltímetro debe indicar CERO.

CAPITULO X
INSTALACIONES PARA GAS

Método de medición de presión para baja presión.

1) Utilizar botella transparente de 320mm de alto o más.
2) Un caño plástico de ⌀ 8mm.
3) Llenar de agua la botella.
4) Conectar caño plástico a la red de gas a la salida de una llave.
5) El extremo libre del caño plástico debe tocar el fondo de la botella.
6) Abrir llave.
7) Retirar lentamente el caño desde el fondo y detener el movimiento al aparecer una burbuja de gas.
8) La distancia medida desde el extremo de la manguera donde apareció la burbuja hasta el nivel de agua superior es la presión de la red en mm columna de agua.

Presión de redes Gas Natural 160mm columna de agua y 200mm columna de agua (1,5KPa y 2KPa).
Presión para gas envasado 280mm columna de agua.

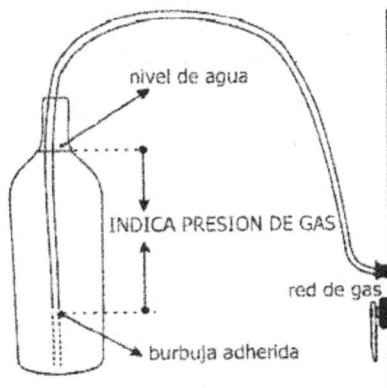

nivel de agua

INDICA PRESION DE GAS

red de gas

burbuja adherida

PRESION CORRECTA
GAS NATURAL: 180mm columna de agua
GAS ENVASADO: 280mm columna de agua

Elementos para pruebas de hermeticidad.

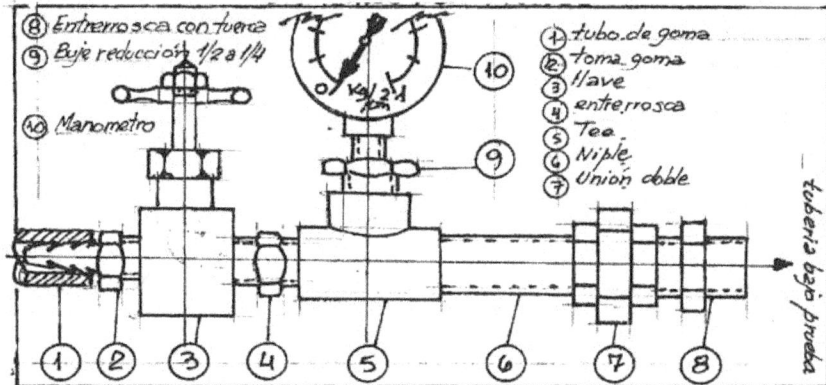

<u>*Pruebas de hermeticidad y desobstrucción de cañerías re-*</u>
<u>*glamento para gas*</u>.

Presión de prueba para ½ presión = 4kg/cm^2
Presión de prueba para baja presión = 0,2kg/cm^2

La presión debe mantenerse constante durante 15 minutos.

Medir con manómetro 0-5kg/cm^2 en ½ presión.
Medir con manómetro 0-1kg/cm^2 en baja presión.

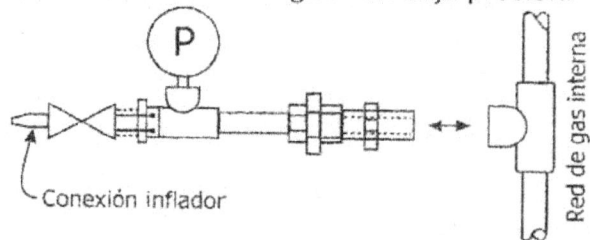

Verificar con agua jabonosa las probables pérdidas.

Para probar la desobstrucción se usa el aire que quedó a

presión abriendo por etapas las llaves de cada artefacto conectado, deberá expulsar aire.

De hermeticidad

Cerrado las llaves de paso, se inyectará aire a la presión manométrica que corresponda la cual deberá mantenerse sin variación durante 15 minutos como mínimo.

Valores de las presiones de prueba; $4kg/cm^2$ durante 15 minutos en los tramos correspondientes a media presión y $0,2kg/cm^2$ para los de baja presión.

Los instrumentos que se utilizan son manométricos, de escalas $0 - 5kg/cm^2$ y $0 - 1kg/cm^2$ respectivamente.

NOTA: el sitio de pérdidas se localiza con espuma de jabón.

De desobstrucción

Verificar la hermeticidad, la prueba de desobstrucción consiste simplemente en abrir las llaves de paso y observar la salida de aire por todas ellas.

Instalación de quemadores para gas.

Prevención de explosiones

La combustión necesita: combustible, oxígeno y temperatura de ignición.

Criterios de proyecto

Falta de energía eléctrica: se protege haciendo que las válvulas de gas se cierren al faltar tensión.

Asegurarse que la fase alimente las bobinas y que el neutro sea común al extremo de todas las bobinas.

Prebarrido: con el ventilador de aire primario se limpia el hogar de gases explosivos en un tiempo mínimo de barrido según volumen y caudal. La válvula de corte de gas debe estar cerrada, lo que permite el cierre de un contacto de límite de carrera que habilita el prebarrido. En algunas instalaciones se ponen dos válvulas de corte en **serie** con una de venteo entre ambas.

Encendido: con piloto encendido un detector de llama habilita el paso de gas principal. En quemadores con posibilidad de encendido por BAJO FUEGO es más seguro por reducirse la microexplosión.

Presencia de llama: se controla la llama principal con un detector ultravioleta; con rectificación o a varilla (iónico).

El piloto debe encender entre 8 y 15seg, de lo contrario se cerrará todo el paso de gas.
Para quemadores de Q > 625000Cal/h es necesario el encendido con BAJO FUEGO y detector de llama con autoverificación.
Mezcla de combustible y aire se controla según presiones de suministro que se han fijado en el banco de prueba.

Interceptor de tiro: colocado entre la caldera y chimenea para admitir aire para diluir gases bajo el punto de ignición y como válvula de escape en caso de explosión.

Cierre de chimenea: las que tienen válvulas automáticas de cierre de chimenea para las paradas deben tener un contacto de señal de apertura que habilite el barrido. También puede haber sensores de flujo o de presión diferencial que midan la falta de circulación de humos y en caso bloquean el quemador.

Mantenimiento: verificar el funcionamiento de todos los contactos en aparatos en condiciones reales de presión, temperatura y posición. No es suficiente accionar a mano o desconectar cables.
Jamás realizar puentes en contactos o trabar dispositivos para funcionar.

Selección de un quemador.

Los de baja presión trabajan con gas a 200mm de columna de agua y aire a presión atmosférica.

Los de alta presión trabajan a 1,4kg/cm^2 y el aire presurizado por un ventilador.

La capacidad de un quemador depende de los siguientes factores:

G   potencia en Calorías/hora
H   calor necesario para el horno
K   coeficiente de seguridad

$$G = K \cdot H \; ; \; \text{Calorías / hora}$$

Valores del factor X :

1,50   para calentamiento rápido
1,33   para horno de alta temperatura (1000 a 1350°C)
1,25   horno de temperatura media (750 a 1000°C)
1,15   horno de baja temperatura (260 a 750°C)

Demanda de caudal de gas:

G   capacidad del quemador en Cal/hs
B   poder calorífico del gas Cal/m^3
D   caudal de gas necesario m^3/h

$$D = \frac{G}{B} \quad m^3/h$$

Sección del conducto de evacuación de gases:
para hornos con quemador de premezcla 1cm^2 para 4600 Calorías/h
para hornos a crisol 1cm^2 para 2300 Cal/h
para quemadores atmosféricos 1cm^2 para 780 Cal/h

Quemadores lanza llamas.

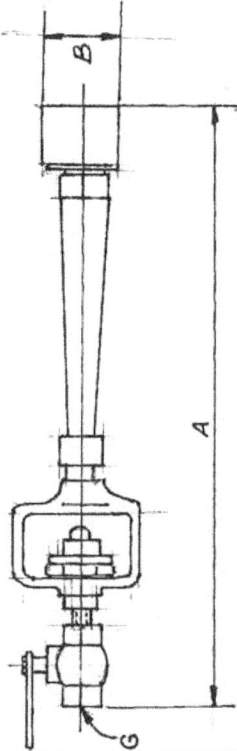

Quemador tipo lanza llamas

Dimensiones en mm			Capacidad Gas Natural
A	B	G	
216	38	1/4"	4200 (el/h)
270	38	3/8"	6500
350	46	1/2"	9900
400	57	1/2"	23600
470	69	3/4"	40000
550	82	3/4"	70000
660	115	1"	110000

*1 Capacidad a una presión de 150 mm

Alto y bajo fuego.

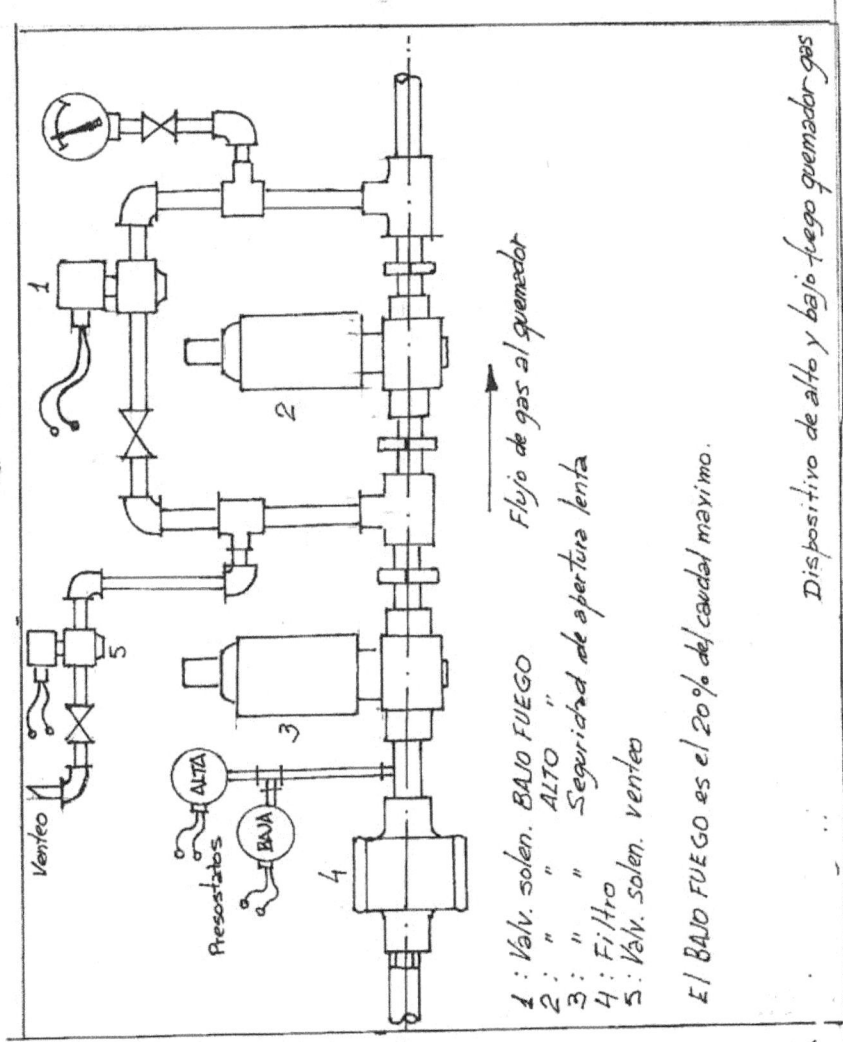

1 : Valv. solen. BAJO FUEGO
2 :   "   "   ALTO   "
3 :   "   : Filtro   Seguridad de apertura lenta
4 : Filtro
5 : Valv. solen. venteo

El BAJO FUEGO es el 20% del caudal maximo.

Venteo

Presostatos
ALTA
BAJA

Flujo de gas al quemador

Dispositivo de alto y bajo fuego quemador gas

Lanza llamas.

<u>Montaje de un quemador lanza llamas por mezcla de gas y aire a presión</u>.

Aclaración de los números indicadores en el dibujo:

1   Mariposa de aire
2   Transformador de encendido
3   Tubo de mezcla
4   Bujía
5   Piloto
6   Conexión de gas
7   Válvula solenoide de piloto
8   Válvulas solenoide de gas principal
9   Pared de horno
10 Como difusor de material refractario

90 mm diámetro de entrada al cono
100mm distancia mínima de tobera al cono

Si los 90mm se cambia a 120mm los 100mm pueden ser 70mm.

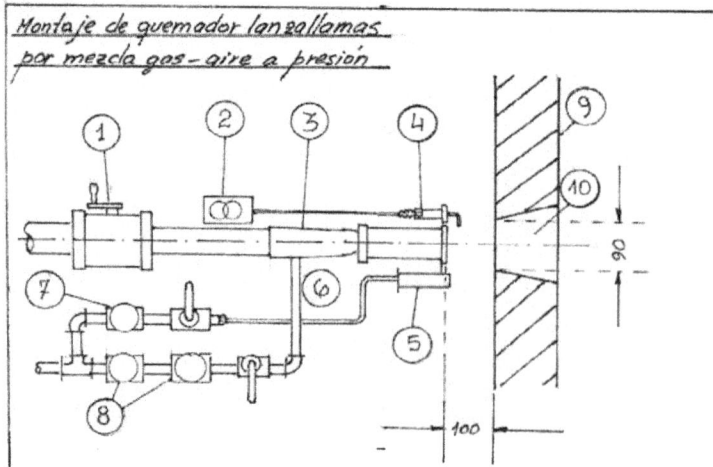

Montaje de quemador lanzallamas por mezcla gas-aire a presión

Block de refractario.

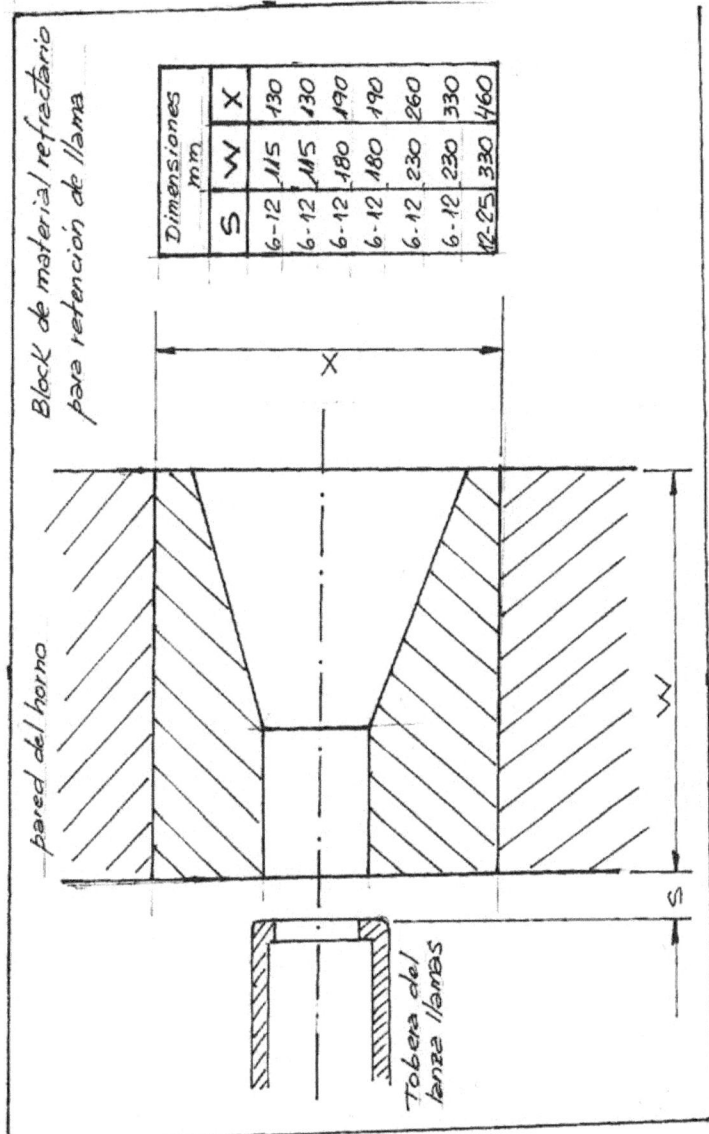

Dimensiones mm		
S	W	X
6-12	115	130
6-12	115	130
6-12	180	190
6-12	180	190
6-12	230	260
6-12	230	330
12-25	330	460

Block de material refractario para retención de llama

pared del horno

Tobera del lanza llamas

Proyecto de un quemador.

Relación aire/gas para gas manufacturado

$$R = \frac{dg}{di} \sqrt{K \cdot d_{rel}}$$

dg = diámetro de la garganta del venturi mm
di = diámetro del inyector mm
d_{rel} = densidad relativa del gas
k   = constante por temperatura y eficacia
     (k = 0,8 a 60°C)

Para otros gases

$$R = 0,75 \left(\frac{d_8}{di}\right) - 1 \sqrt{d_{rel} \cdot K_1 \cdot K_2}$$

d_8 = diámetro aparente de la sección de salida en mm
     (salida del gas)

$$k_1 = 1 + \log \frac{di \cdot x}{dg} \qquad k_2 = 1 + \log \frac{di \cdot x}{d_8}$$

$$x = \sqrt{A_t \cdot 8,6} \qquad \text{Si } k_1 \text{ tiene } \frac{di \cdot x}{dg} < 1$$

se invierte la fracción y se toma:

$$k_1 = \frac{dg}{di \cdot x}$$

X = 6   gas manufacturado
X = 9   gas natural
X = 14 propano
X = 16 butano

Distancia del inyector a la garganta: $L_{ig} = 2,22\ dg + 15$

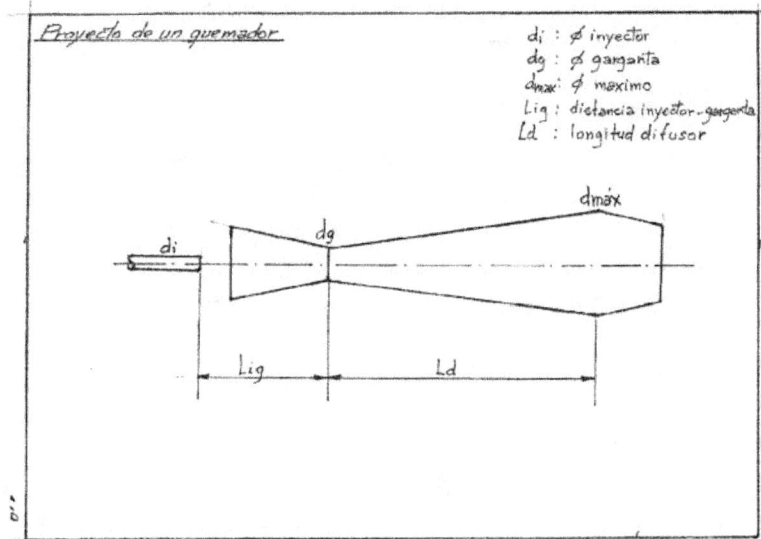

Proyecto de un quemador

di : ∅ inyector
dg : ∅ garganta
dmax : ∅ maximo
Lig : distancia inyector-garganta
Ld : longitud difusor

Gargantas de quemadores.

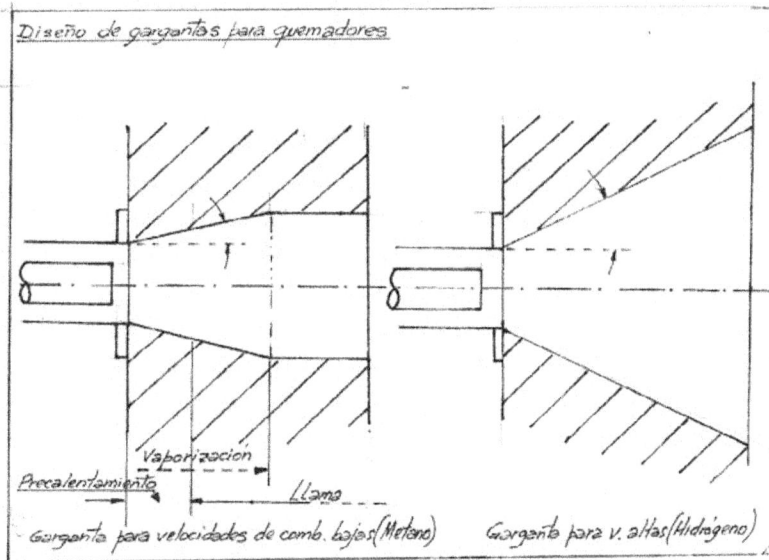

Diseño de gargantas para quemadores

Vaporizacion

Precalentamiento

Llama

Garganta para velocidades de comb. bajas (Metano)   Garganta para v. altas (Hidrógeno)

Cantidad de aire.
<u>Cálculo.</u>

De los datos parciales:

$P_1 = 10190$mm col $H_2O = 749$mm col H_g

$j_1 = \dfrac{749}{760} \cdot \dfrac{273}{287} \cdot 1,293 = 1,212$kg/m^3

$P_2 = 10190 + 225 = 10415$mm col $H_2O = 10415$kg/m^2

$t_2 = 19°C$; $t_2 = 273 + 19 = 292°C$

$j_2 = \dfrac{10415}{10333} \cdot \dfrac{273}{292} \cdot 1,293 = 1,220$kg/m^3

Se deduce:

$$c = \sqrt{2 \cdot 9,81 \cdot \dfrac{225}{1,220}} = 60,2 \text{m/seg } (1)$$

$V_2 = 0,99 \cdot 0,00636 \cdot 60,2 = 0,378$m^3/seg

ó

$G = V_2 \cdot j_2 = 0,378 \cdot 1,220 = 0,462$kg/seg

La cantidad de aire referida al estado de la cámara de aspiración es:

$V_1 = \dfrac{G}{j_1} = \dfrac{0,462}{1,212} = 0,342$m^3/seg

Y siendo:

$\dfrac{P_1 + P_2}{2} = 10302$ se deduce

(1) *Velocidad de salida del recipiente* = $c = \sqrt{2gH}$

$$V_m = \frac{10190}{10302} \cdot 0,342 = 0,338 \, m^3/seg$$

Y finalmente, la potencia absorbida por la compresión isométrica es:

$$L = (P_2 - P_1) \cdot V_m = 225 \cdot 0,342 = 76,9 \, kg/seg = 1,025 HP$$

El rendimiento isotérmico:

$$N_{isot} = \frac{\text{Potencia isotérmica}}{\text{Potencia absorbida}} = \frac{1,025}{2,35} = 0,44$$

Instalación del regulador "Cero" proporcionante.

El regulador cero proporcionante similar al modelo 7218 de la firma EQA es para equipos de combustión a gas con aire forzado de tal manera que la relación aire-gas se mantenga constante en todo su rango de capacidades. O sea que para variar la capacidad del quemador solo será necesario accionar la válvula de aire movida por un motor paso a paso si hay un controlador que le envíe señales o de lo contrario moviendo la válvula mariposa manualmente. En el dibujo se representa un quemador de premezcla EQA 76 o similar para un horno en cuyo interior existe la presión atmosférica. De haber presión en el hogar mayor que la atmosférica se debe conectar el orificio de venteo del regulador cero con un tubo a la cámara de combustión del horno.

Para seleccionar un regulador por ejemplo para manejar $38 \, m^3/h$ de Gas Natural con d = 0,6 usamos la tabla de EQA y elegimos uno de 1 ½ " que con una pérdida de carga de 110mm columna de agua entrega los deseados $38 \, m^3/h$ y con una pérdida de carga de 265mm columna de agua entrega $59 \, m^3/h$.

En otro gráfico se muestra la instalación con medidas de un regulador CERO de 1 ½ ".

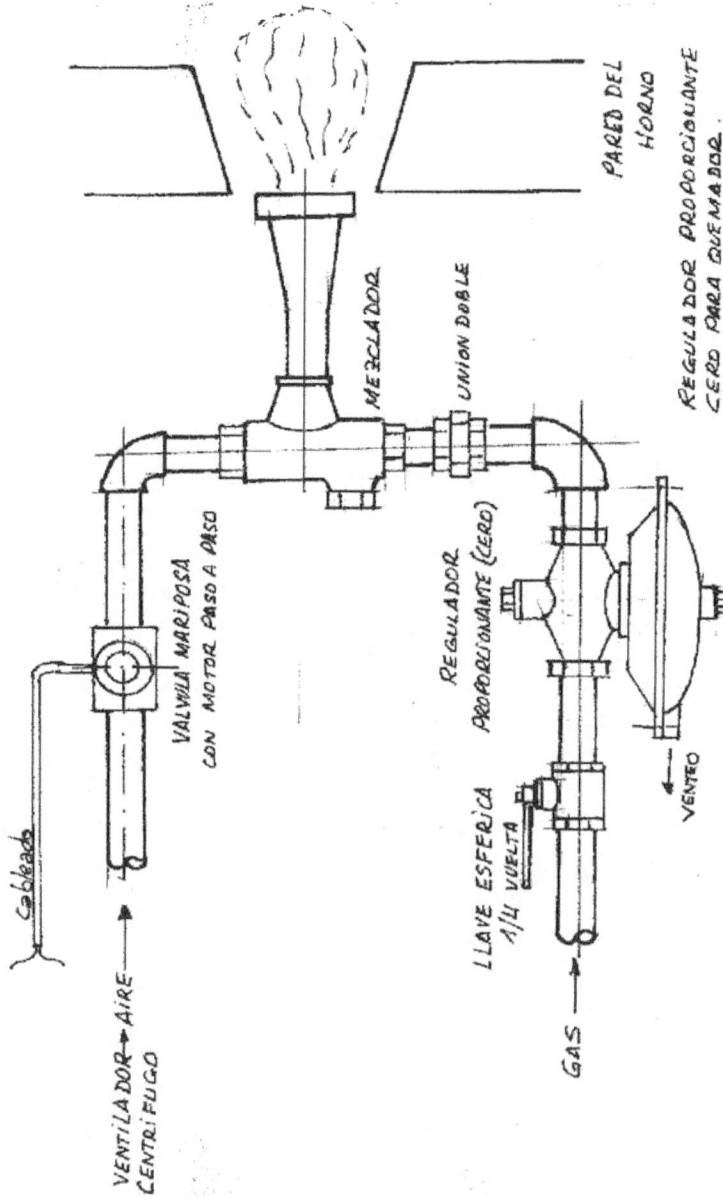

PARED DEL HORNO

REGULADOR PROPORCIONANTE CERO PARA QUEMADOR.

MEZCLADOR

UNION DOBLE

VALVULA MARIPOSA CON MOTOR PASO A PASO

REGULADOR PROPORCIONANTE (CERO)

VENTEO

LLAVE ESFERICA 1/4 VUELTA

GAS

VENTILADOR→AIRE CENTRIFUGO

Cableado

Regulador "CERO"

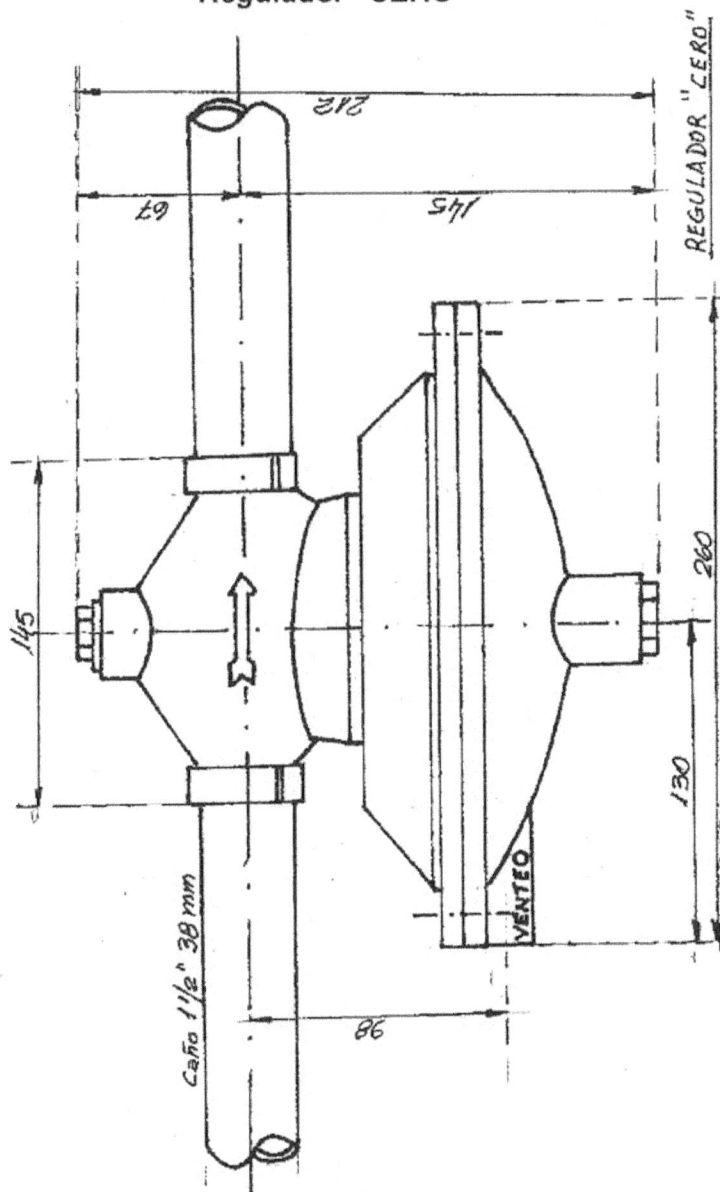

Piloto de gas natural.

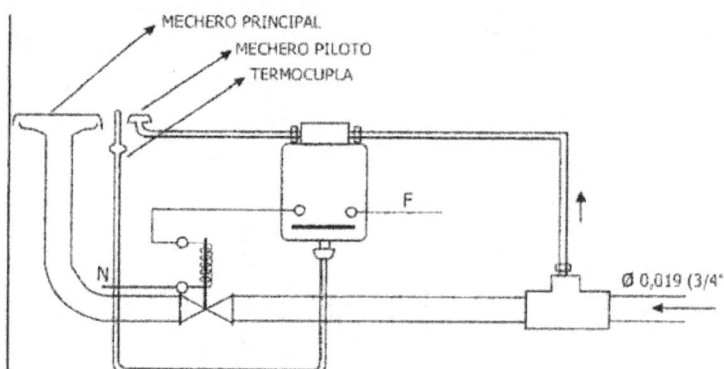

Detector por ionización.

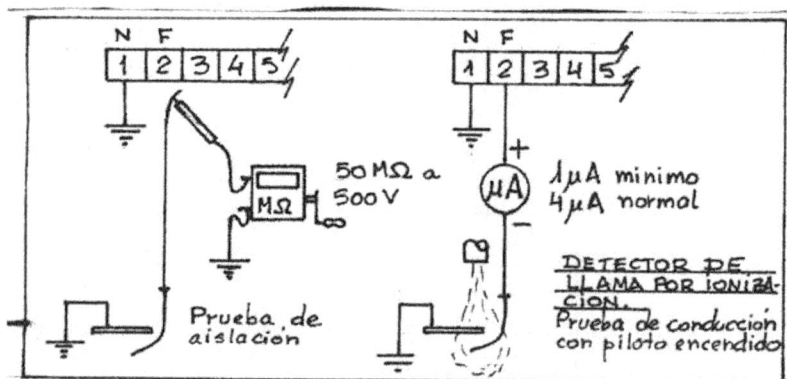

Válvula de seguridad para artefactos.

Según normas son dispositivos de encendido o de corte automático por extinción de llama en artefactos.

El piloto se enciende con elemento piezoeléctrico.

Se debe esperar tres minutos para reencendidos. De todos modos el sistema al cortar llama demora hasta sesenta segundos en cerrarse el piloto.

La termocupla de cobre y constantes se aprieta con una tuerca o queda conectado al extremo central y el revestimiento de cobre a la bobina del electroimán que atrae el vástago con fuerza F_1 abriendo el paso de gas. F_2 es la fuerza del pulsador para el encendido previo del piloto.
El resorte antagónico retorna el núcleo a posiciones de cierre cuando la termocupla deja de estar sometida a la llama del quemador principal o del piloto.

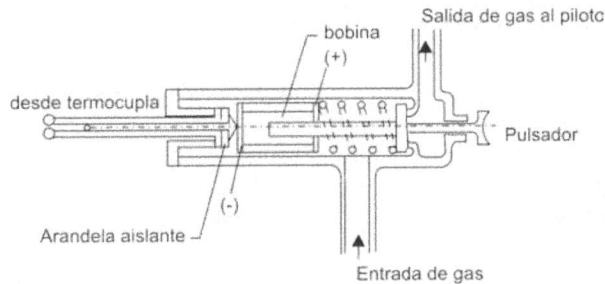

Válvula de seguridad para artefactos

Sección de conductos para evacuación de gases.

S = sección en cm^2
Q = calorías del artefacto
H = altura total del conducto
X = coeficiente (para GN = 0,018)

Ejemplo: Calcular para una caldera en el sótano y salida por 8 pisos de 2,8m cada uno, calorías 200000 por hora.

$8 . 2,8 = 22,4m$

$22,4 + 2,8 \text{ (sótano)} = 25,2m$

$$S = \frac{200000 \text{ Cal}}{\sqrt{25,2m}} . 0,018 = 720cm^2$$

Adoptamos un conducto de 20 x 40cm = 800cm^2

Cal/cm^2 = $\dfrac{200000}{800}$ = 250Cal/cm^2

El valor 250Cal/cm^2 es reglamentario.

$$S = \dfrac{Q\ Cal/_h}{\sqrt{Hm}}\ .\ X$$

Las ventilaciones "tiran" por diferencia de densidades del aire frío exterior y los gases calientes.

Los gases calientes pesan 0,73g/l y el aire exterior 1,3g/l.

El peso de gases dentro de la chimenea es de 80grs y el del aire 143grs. La diferencia es 63grs que es la fuerza disponible para mover la columna.

Dividiendo 63g por la sección de la chimenea de 100mm de diámetro es una presión actuante de 0,8g/cm^2 o sea 8mm de columna de agua (chimenea de 14m).

Si la chimenea fuese de 150mm de diámetro la presión sería 0,2g/cm^2 = 3mm columna de agua (chimenea de 6m de alto).

$$\text{Peso gases} = d\ (g/l)\ .\ h\ (dm)\ .\ 5\ (dm^2)$$

Regulador de presión.
(Para gas combus.)

Para presión de 200mm columna de agua = 0,02kg/cm^2

Presión de entrada desde red 0,5 a 2kg/cm^2

Presión de entrada desde cilindros 8kg/cm^2

Diámetro disco A = 5,1cm   superficie = 20,4cm^2

Diámetro disco B = 3,8cm   superficie = 11,3cm^2

ECUACION DE FUERZAS

0,02kg/cm^2.20,4cm^2+ 11,3cm^2.8kg/cm^2- 20,4cm^2.8kg/cm^2- 11,2cm^2.0,02kg/cm^2 =
= fuerza del resorte = 72,6kg

Al abrirse el consumo en el lado de 0,02 se desequilibran los discos venciendo al resorte y abriéndose el paso del gas.

El resorte puede ajustarse a un valor de SET POINT para dar a la salida los 0,02kg/cm^2.

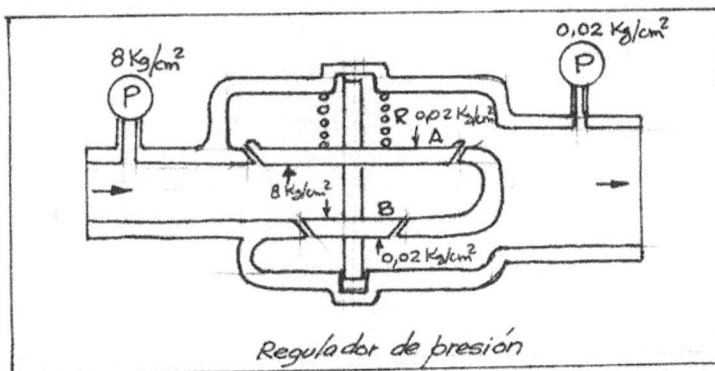

Regulador de presión

Sección de una chimenea.

Volumen de gases a evacuar:

$$V_T = \frac{\text{Capacidad quemadores Cal/h}}{\text{Poder calorífico combustible Cal/m}^3} \left(\frac{m^3}{h}\right)$$

Velocidad gases (según Dubbel)

$$v = \frac{V_T m^3/h \, (273 + t)}{3600 \cdot S \cdot 273} \quad m/seg$$

t = temperatura del gas   s = sección del conducto

$$S = \frac{V_T\,(273 + t)}{3600 \cdot v \cdot 273} \quad m^2$$

Regulador para gas natural.

Ensayo para determinar el P_{SALIDA} con relación al $Q_{nominal}$

Presión de entrada 0,5bar
Válvula 10 en posición CERRADA

Abrir 10 lentamente registrando Q y P_{SALIDA}. Abrir en no menos de 13 etapas a 0,5 - 5 - 10 - 20 - 30 - 40 - 50 - 60 - 70 - 80 - 90 - 100 y 120% de $Q_{nominal}$.

Repetir el ensayo para P_{ENT} 1, 2, 3 y 4bar.

Ensayo para verificar $Q_{nominal}$ con P_{MIN} de entrada:

$P_{ENTRADA}$ = 0,5bar   Q = 100% de $Q_{nominal}$

P_{SALIDA} = 20,42 a 17,58mbar

1- Válvula esférica
2- Regulador de presión
3- Manómetro 0-7bar (clase 0,5)
4- Manómetro 0-2bar (clase 0,5)
5- Columna de agua
6- Registrador
7- Válvula esférica
8- Válvula solenoide
9- Caudalímetro (clase 0,5)
10- Válvula globo
11- Transductor de presión
12- Válvula de alivio
13- Regulador a ensayar
14- Pulmón con capacidad de 5Lt por cada 10m³/h de capacidad del regulador a ensayar

Ensayo de reguladores.

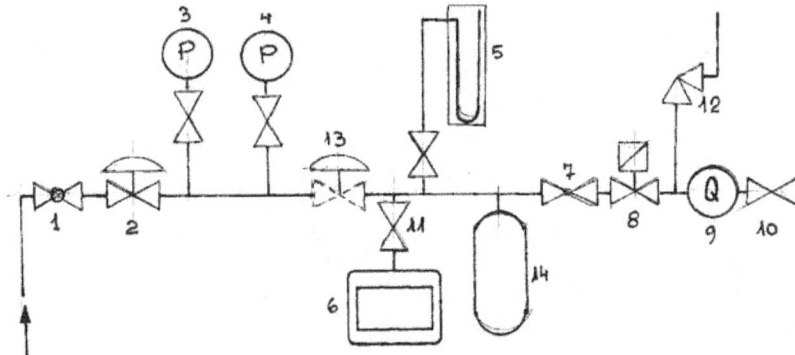

Banco de ensayo para reguladores de presión.

Selección de válvula de seguridad de alivio por venteo línea de Gas Natural.

Instalación: estación reguladora secundaria posición posterior o aguas abajo del regulador de presión (reductor).
Presión de salida regulador = 0,16bar (1600mm columna de agua).
Diámetro de tubería principal = 3"
Caudal de cálculo en la tubería = 68m^3/h
Densidad del gas = 0,60kg/m^3

Según folleto EQA modelo 7349-A elegimos:
Válvula diámetro 1" x 1" entrada y salida
Caudal = 72m^3/h con un diferencial entre apertura y venteo de 150mm
Tobera interna de venteo = 0,25kg/cm^2 (2500mm columna de agua)

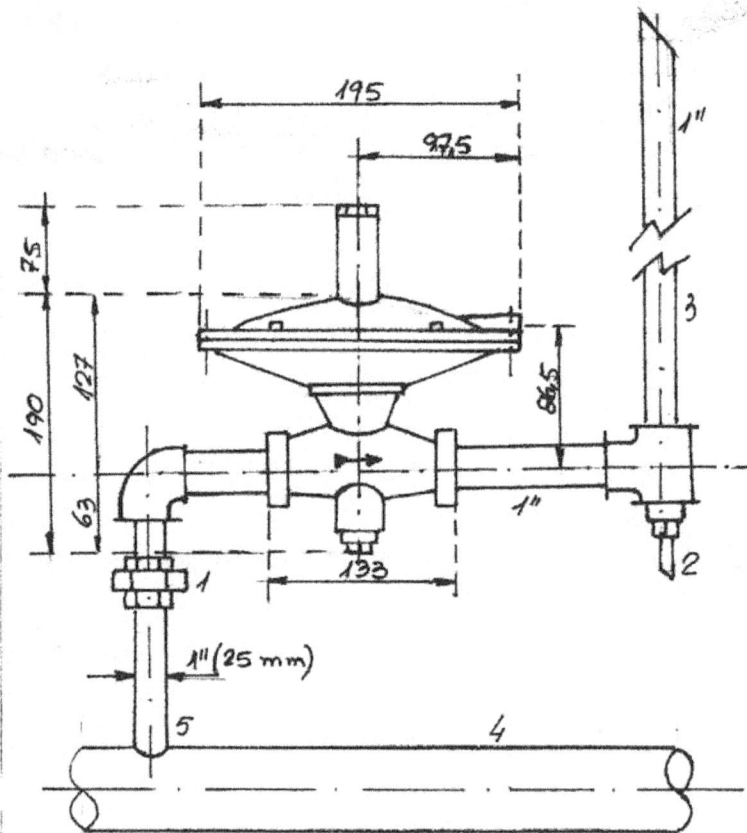

Instalación de una válvula de alivio por venteo
para seguridad en gas natural.
Ejemplo: válvula de seguridad EQA 7349-A

1: Unión doble conica; 2: drenaje; 3: venteo de 1"
(altura suficiente para venteo a los 4 vientos)
4: tubería de acero; 5: derivación soldada.

Regulador de presión para media presión.

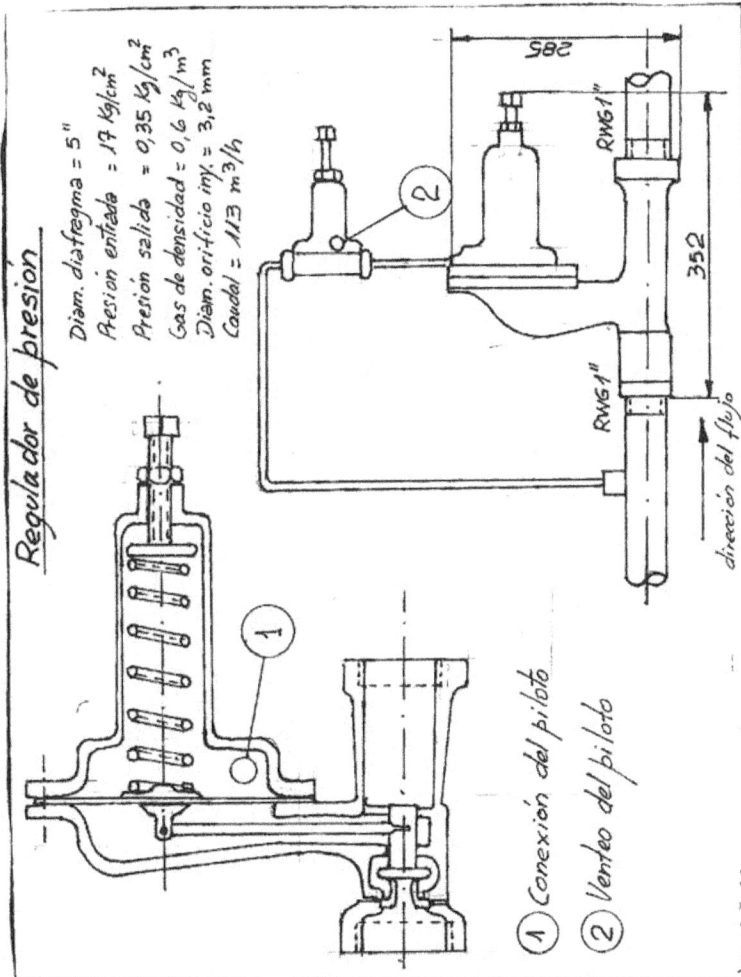

Regulador de presión

Diam. diafragma = 5"
Presión entrada = 19 Kg/cm²
Presión salida = 0,35 Kg/cm²
Gas de densidad = 0,6 Kg/m³
Diam. orificio iny. = 3,2 mm
Caudal = 113 m³/h

① Conexión del piloto
② Venteo del piloto

Sección de tubería existente.

Fluido a transportar: GAS NATURAL densidad $0,65 kg/m^3$ n
Normas y disposiciones a aplicar: las del Ex-Gas del Estado
Caudal a transportar: el correspondiente a 5580000Cal/h
Poder calórico del G.N.: $9300 Cal/m^3$ n

Longitud de cálculo: 18m = 0,018km
Diámetro de tubería inicial: 38mm
Presión manométrica inicial: $4 kg/cm^2$ (media presión)
Presión manométrica final: $4 kg/cm^2$ - 10% . $4 kg/cm^2$ = $3,60 kg/m^2$

$$\text{Caudal en } m^3/h = \frac{5,58 \cdot 10^6}{9,3 \cdot 10^3} = 0,60 \cdot 10^3 = 600 m^3/h$$

Si caudal/diámetro < 150 podemos aplicar la fórmula de *Renoward* para media presión:

$$\frac{600}{38} = 18,78 < 150$$

Fórmula de Renoward.

$$P^2_{inicial\ abs} - P^2_{final\ abs} = 48600 \cdot S \cdot L \cdot Q^{1,81} \cdot D^{-4,82} =$$

$$= 4,86 \cdot 10^4 \cdot 0,65 \cdot 0,018 \cdot 600^{1,82} \cdot 38^{-4,82} = 1,51$$

$$P^2_{inicial} - P^2_{final} = 5^2 kg/cm^2 - 4,60^2 kg/cm^2 = 3,84$$

Por lo tanto la caída es menor que la adoptada.

Ventilación de artefactos a gas.

Una concentración del 0,1% de CO por largo tiempo (dos horas) puede ser mortal; con 0,04% no hay efectos mortales. Por lo tanto utilizando conductos que lleven los productos de la combustión fuera de las áreas cerradas logramos seguridad.

Una tubería vertical sin ayuda de ventiladores permite circular los gases calientes livianos hacia el aire exterior más frío.

Una chimenea de 6m y⌀150mm con gas a 200°C que pesan 0,73g/l y el aire exterior 1,3g/l produce circulación porque los gases calientes pesan 80grs y el mismo volumen de aire frío 143grs, la diferencia es 63grs y es la fuerza que mueve los gases con el CO hacia el exterior.

Como la sección de la chimenea es de diámetro 150mm dividimos los 63grs por la sección en cm^2 y obtenemos 0,3grs/cm^2 ó 3mm de columna de agua que la presión actuante.

Estos valores tan pequeños nos exigen hacer los conductos con pocas curvas y rugosidades.

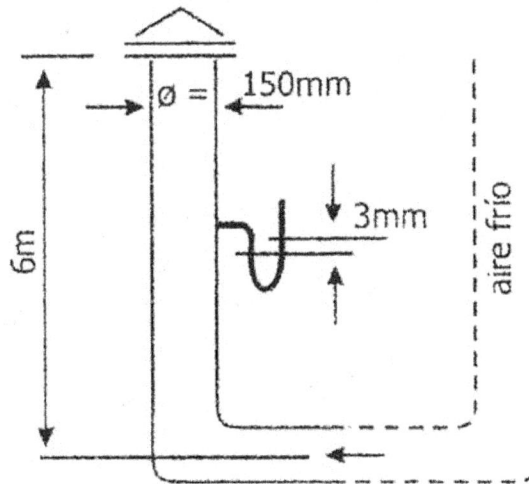

Tablero de comando de horno.

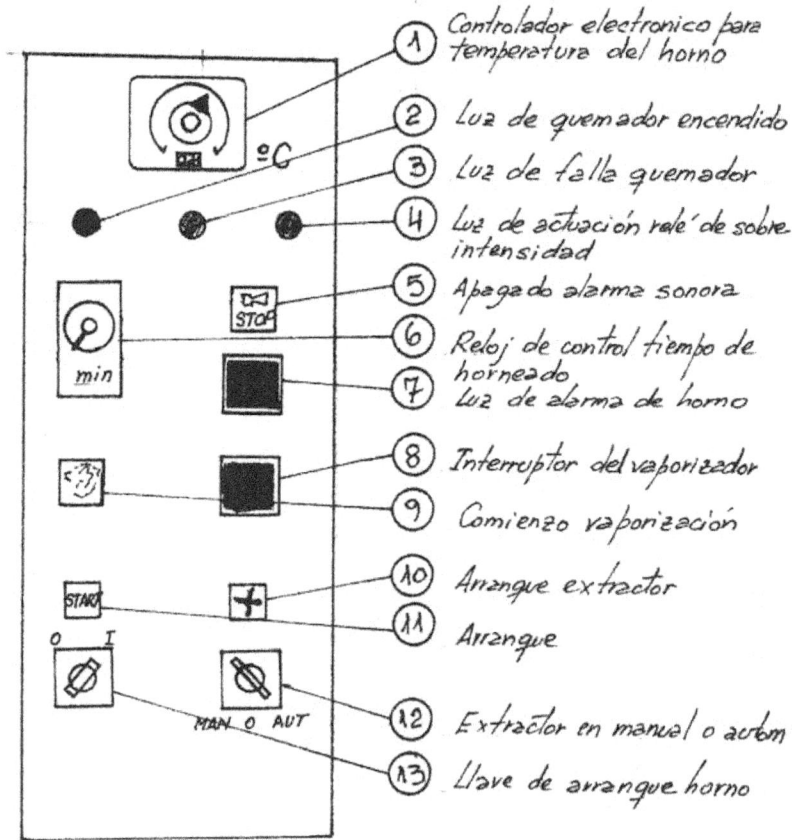

1. Controlador electronico para temperatura del horno
2. Luz de quemador encendido
3. Luz de falla quemador
4. Luz de actuación relé de sobre intensidad
5. Apagado alarma sonora
6. Reloj de control tiempo de horneado
7. Luz de alarma de horno
8. Interruptor del vaporizador
9. Comienzo vaporización
10. Arranque extractor
11. Arranque
12. Extractor en manual o autom
13. Llave de arranque horno

Frente del tablero de horno.

Factores para diseño de horno.

Pérdidas en un crisol = 19000Cal/h por m^2

Pérdidas en un horno = 1) radiación 2) por la carga extraída caliente 3) por apertura de puertas.

Calor necesario = Suma de las pérdidas en Calorías.

Pérdidas por radiación = 1) por radiación de las paredes laterales 2) por el fondo 3) techo 4) piso 5) puerta del horno.

Pérdidas por la carga = 1) material tratado al ser sacado del horno 2) medios de transporte y soporte al extraerlos calientes.

Las pérdidas por marcha en vacío del horno son: las pérdidas por radiación.

H = calorías/hora a suministrar al horno

B = calorías por m^3 del gas

I = volumen del gas necesario m^3/h

$$I = \frac{H}{B} \quad \frac{Cal/h}{Cal/m^3}$$

Material	Tratamiento termico	Velocidad de penetración en minutos por pulgada de espesor	Velocidad de calentamiento para el peso en kg./hora por m² de hogar	
			Con fuego directo	Horno de mufla
Acero Hierro	Forja	20	990 - 1100	
	Recocido	40	540 - 650	380 - 430
	Temple	40	430 - 540	330 - 380
	Fundición	120	330 - 380	
Bronce	Forja	20	750 - 860	430 - 490
	Recocido	30	650 - 750	380 - 430
Aluminio y Magnesio	Forja	20	270 - 320	
		30		220 - 270

Para comparar la equivalencia del gas natural y el consumo de electricidad en hornos tenemos:

I = caudal de gas en m^3/h

V = poder calorífico del gas en Cal/m^3

E = energía eléctrica equivalente Kwh

$$E = \frac{I . V}{3412} \quad Kwh$$

Instalación de gas industrial.

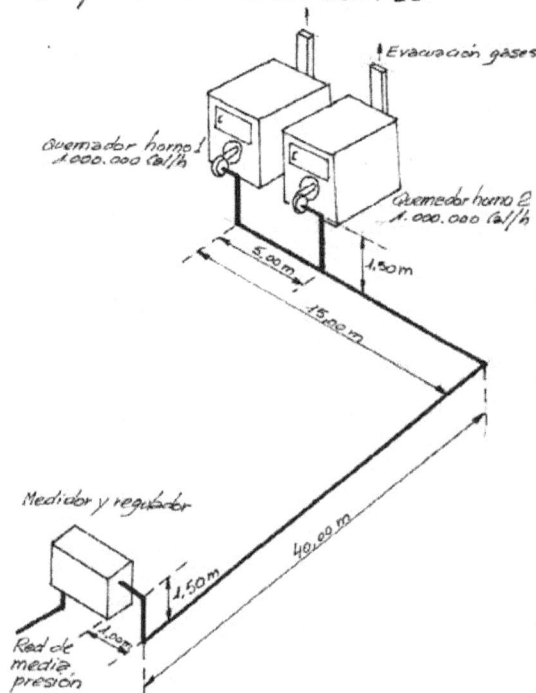

INSTALACION DE GAS INDUSTRIAL
Baja presión 200 mm col. H2O

Cálculo de los diámetros para la tubería de gas industrial.

Q = caudal en litros/hora   L = longitud en mts
$Q_1 = 1.000.000$ Cal/h = 107,52m³/h = 107.520 l/h
$Q_2 =$ = 107.520 l/h
$Q_T = Q_1 + Q_2 = 215,04$m³/h   = 215.040 l/h

Determinación de diámetros según tablas del reglamento:
Quemador 1 hasta el medidor = 59m $\cong$ 60m
Para Q_1 = 107.520 l/h en tabla es 117.233 l/h
Diámetro necesario = 101mm $\cong$ 4"
Para Quemador 1 hasta la T derivación a horno 2 es diámetro = 101mm (4")

Quemador 2 hasta el medidor = 54m $\cong$ 55m
Para Q_2 = 107.520 l/h en tabla es 122.403 l/h
Diámetro necesario = 101mm = (4")
Para Q_2 hasta la T de derivación es diámetro = 101mm (4")

Tubería desde T derivación a medidor tomamos el artefacto más alejado Quemador 1 = 59m $\cong$ 60m
Para la suma de Q_1 y Q_2 la tabla no alcanza por lo que usaremos la formula de Poole Monier

$$D = \sqrt[5]{\frac{Q_T^2 . 2 . s . L}{h}}$$

Siendo: D = diámetro en centímetros; Q_T = 215,04m³/h

s = 0,65kg/m³ (densidad del gas); l = longitud en metros del tramo a calcular; h = pérdida de presión en el tramo (10mm col. H_2O)

$$D = \sqrt[5]{\frac{215,04^2 . 2 . 0,65 . 60}{10}} = 12,92\text{cm}$$

adaptamos un caño de: 139,7mm (5") IRAM 2502 tipo pesado.

Cálculo de cilindros para gas envasado.

Lo desarrollaremos para:
*1 Cocina; consumo = 0,2m³/h; tiempo = 2h/día.
*1 Calentador de agua; consumo = 0,4m³/h; tiempo = 2h/día.

Consumo diario total = (0,2m³/h.2h/día)+(0,4m³/h.2h/día)=1,2m³/día

Según el reglamento para instalaciones la carga de cilindros debe durar mínimo 15 días.

Consumo 15d = 1,2m³/día . 15d = 18m³

Cada cilindro libera en total 24m³:

$$\frac{\text{Volumen de 15 días}}{\text{Volumen de 1 tubo}} = \frac{18m^3}{24m^3} = 0{,}75 \text{ de tubo}$$

Elegimos entonces para la instalación un tubo en uso y uno en reserva.
La capacidad del regulador se expresa en m³/h el consumo por hora de la instalación es:

     0,2m³/h + 0,4m³/h = 0,6m³/h

Capacidad necesaria = 0,6m³/h + 0,5m³/h = 1,1m³/h

Elegimos un regulador de 2m³/h . (0,5 coef. de amplificación)

Haremos un cálculo usando Calorías/hora en cada artefacto:
Tenemos:
Cocina = 1100Cal/h; 2h/día
Calentador de agua = 18000Cal/h; 1h/día
2 Estufas = 2000Cal/h . 2 = 4000Cal/h; 3h/día

CONSUMO TOTAL =(11000Cal/h.2h/día)+(18000Cal/h.1h/día)+
+ (4000Cal/h.3h/día) = **52000Cal/día**

Volumen en m^3/día = $\dfrac{52000Cal/día}{22000Cal/m}$ = 2,36m^3/día

Siendo 22000Cal/m^3 el poder calorífico del gas envasado.

Para 15 días tenemos: 2,36m^3/día . 15días = 35,4m^3

Cantidad de tubos = $\dfrac{35,4m^3}{24m^3}$ = 1,47 tubos

Elegimos 2 tubos de uso y dos en reserva. Total = 4 tubos.

El regulador necesita ser, según consumo horario:
11000Cal/h + 18000Cal/h + 4000Cal/h = 33000Cal/h

$\dfrac{33000Cal/h}{22000Cal/h}$ = 1,5m^3/h

Capacidad del regulador = 1,5m^3/h + 0,5m^3/h $\cong$ 2m^3/h
(0,5m^3/h es una ampliación)

Precios comparativos entre combustibles, base 9300 Calorías/m^3

COMBUSTIBLE	UNIDAD	COSTO U.	CALORIAS	COSTO CALORIA
GAS NATURAL (domiciliario) Consumo Normal	m^3		9300	
GAS NATURAL (comprimido) GNC	m^3		9300	
GAS EN CILINDROS (45kg/cilindro)	kg		12000	
GAS EN GARRAFA 10 ó 15kg/garrafa	kg		12000	
NAFTA COMUN	Lt		7280	
NAFTA SUPER	Lt		7280	
GAS OIL	Lt		8720	
DIESEL OIL	Lt		8560	
FUEL-OIL	kg		10300	
KEROSENE	Lt		8325	
Observaciones:	Unidad de medida de peso ó volumen Costo Unitario: peso por cada m^3 ó kg Calorías por unidad: Caloría/m^3 ó Caloría/kg Costo caloría: Pesos por caloría			

Conexión de un detector de pérdida de gas natural.

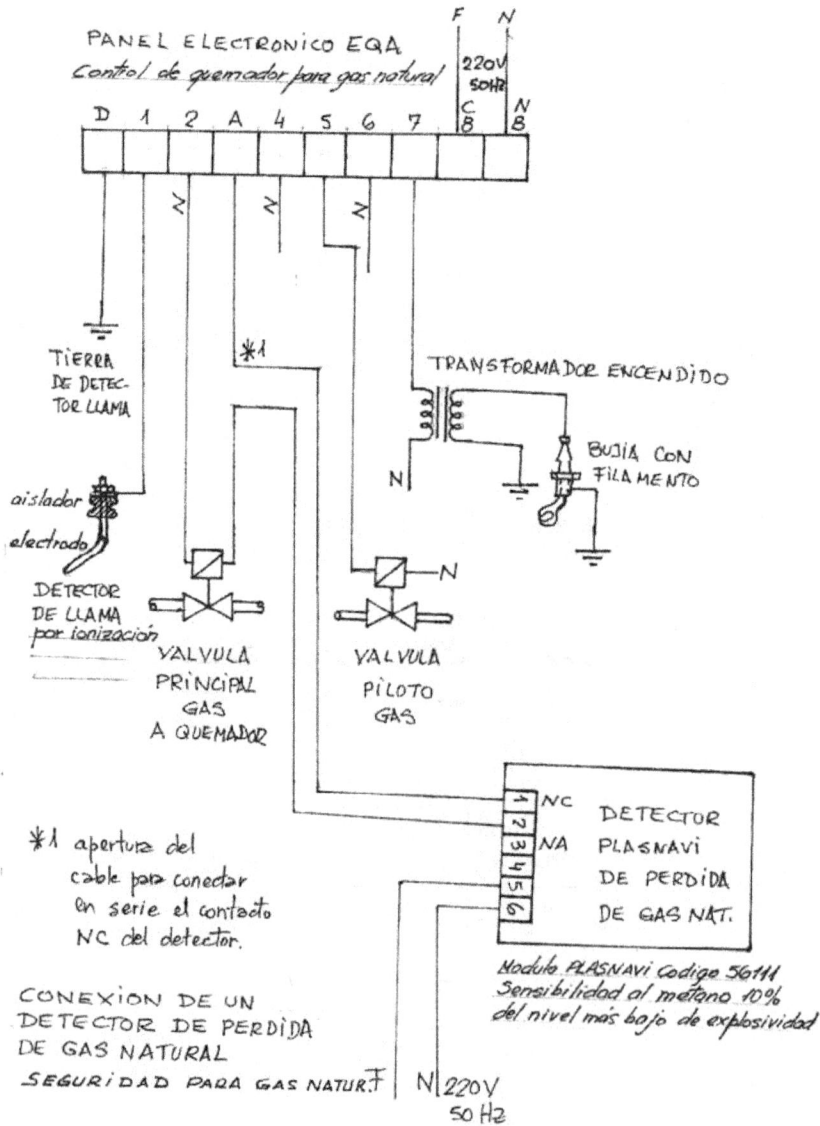

PANEL ELECTRONICO EQA
Control de quemador para gas natural

F   N
220V
50Hz

D   1   2   A   4   5   6   7   C   N
                                8   8

TIERRA
DE DETEC-
TOR LLAMA

aislador
electrodo

DETECTOR
DE LLAMA
por ionización

VALVULA
PRINCIPAL
GAS
A QUEMADOR

VALVULA
PILOTO
GAS

TRANSFORMADOR ENCENDIDO

N

BUJIA CON
FILAMENTO

NC   DETECTOR
NA   PLASNAVI
     DE PERDIDA
     DE GAS NAT.

Modulo PLASNAVI Codigo 56111
Sensibilidad al metano 10%
del nivel más bajo de explosividad

*1 apertura del
cable para conectar
en serie el contacto
NC del detector.

CONEXION DE UN
DETECTOR DE PERDIDA
DE GAS NATURAL
SEGURIDAD PARA GAS NATUR. F   N   220V
                                   50 Hz

Tabla para saber las calorías que consumen los artefactos con un diámetro de inyector instalado.

INYECTOR (d)	GAS NATURAL	GAS ENVASADO
0,5	371,3	705,6
0,55	449,3	853,8
0,6	534,7	1016,1
0,65	627,5	1192,5
0,7	727,7	1383
0,75	835,4	1587,6
0,8	950,5	1806,3
0,85	1073,1	2039,2
0,9	1203	2286,1
0,95	1340,4	2547,2
1	1485,2	2822,4
1,05	1637,4	3111,7
1,1	1797,1	3415,1
1,15	1964,2	3732,6
1,2	2138,7	4064,3
1,25	2320,6	4410
1,3	2510	4769,9
1,35	2706,8	5143,8
1,4	2911	5531,9
1,45	3122,6	5934,1
1,5	3341,7	6350,4
1,55	3568,2	6780,8
1,6	3802,1	7225,3
1,65	4043,5	7684
1,7	4292,2	8156,7
1,75	4548,4	8643,6
1,8	4812	9144,6
1,85	5083,1	9659,7
1,9	5361,6	10188,9
1,95	5647,5	10732,2
2	5940,8	11289,6

Otra forma de calcular teóricamente, con gran aproximación, las calorías consumidas (Q) es aplicando las siguientes fórmulas:

Para Gas Natural aprox. 9400Cal/m^3

$$Q = \text{cantidad de calorías} = d \cdot d \cdot 1485,2 =$$

Para Gas Envasado aprox. 22400Cal/h

Q = cantidad de calorías = d . d . 2822,4 =

Problema: Si tiene un inyector con 0,7mm de diámetro de orificio. Se desea conocer las Cal que puede consumir en gas natural y en gas envasado.

Para gas natural de 0,7mm   = 727,7Cal
Para gas envasado de 0,7mm = 1383Cal

Tener en cuenta que si un quemador está provisto de éste inyector en el caso del gas envasado faltará aire para combustión.

Si ahora cambiamos por un inyector de 0,5mm.

Para gas natural de 0,5mm   = 371,3Cal
Para gas envasado de 0,5mm = 705,6

Ahora con gas envasado la combustión será mejor por el aire regulado para cerca de 700Cal.

NOTA: valores tomados de la tabla para inyectores.

Redes para Gas Natural hasta 4bar.

Para calcular un diámetro para transportar 1000m^3/h a 4bar el cálculo nos da D = 61,62mm adoptando 90mm como dimensión comercial.
Si esos 1000m^3/h los usamos a 1,5bar el cálculo da D = 86,92mm adoptamos un D comercial de 125mm.
La longitud a transportar es en ambos casos de 1km.

Fórmula utilizada:

$$P_a^2 - P_b^2 = KL \frac{Q^{1,8}}{D^{4,8}} \text{ de donde}$$

$$D = \sqrt[4,8]{\frac{K \cdot L \cdot Q^{1,8}}{P_a^2 - P_b^2}}$$

Siendo:
P_a presión absoluta inicial
P_b presión absoluta al final
Q caudal de gas m^3 /h
D diámetro interior de la tubería
L longitud en km

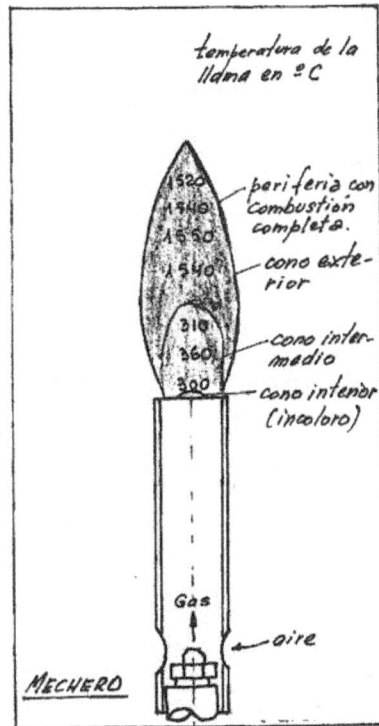

CAPITULO XI
HIDRAULICA

Velocidades en cañerías.

En los cálculos de los diámetros de cañerías se toman las velocidades indicadas en la tabla que sigue como primera aproximación que después se ajustan según la pérdida de carga técnicamente admisible y también según las exigencias económicas.

AGUA	
Cañerías principales	1 – 3m/seg máx. 5m/seg
Cañerías de distribución	0,6 – 1,5m/seg
Cañerías de alimentación para calderas-aspiración	1,5 – 2,5m/seg
Cañerías de alimentación para calderas-impulsión	1,5 – 3,0m/seg máx 4m/seg
Cañerías para condensados de 70ºC aprox.	0,5 – 1,0m/seg
Cañerías de agua caliente para calefacción	2,0 – 3,0m/seg
Cañerías de aspiración bombas, agua fría	1,5 – 2,0m/seg
Cañerías de aspiración bombas, agua caliente 70ºC	0,5 – 1,0m/seg
Cañerías de agua de refrigeración (condensadores)	0,4 – 0,7m/seg máx. 1,25m/seg
Cañerías en mangueras contra incendios	20,0 – 23,0 m/seg

VAPOR DE AGUA	
Saturado (hasta 40atm)	20,0 – 30,0m/seg
Sobrecalentado	30,0 – 50,0m/seg

HUMOS: Para calentar agua	
Velocidad de agua 0,25 – 0,75m/seg en caños aletados	
Velocidad de agua 0,10m/seg en caños lisos	4,0 – 12,0m/seg

REFRIGERACION		
Cañerías para salmuera		
Principales	4,0 – 6,0m/seg	
Refrigerantes	2,0 – 3,0 m/seg	
Spray	1,5 – 2,0 m/seg	
Distribución	0,5 – 1,0 m/seg	
Cañerías para gases		
	ASPIRACION	IMPULSION
Amoníaco	15,0 – 20,0m/seg	20,0 – 25,0m/seg
Anhídrido Carbónico	5,0 – 6,0m/seg	5,0 – 6,0m/seg
Freón 12	13,0 – 18,0m/seg	18,0 – 22,0m/seg

GAS NATURAL (40 Atms.)	
Cañerías principales	15,0 – 20,0m/seg máx. 41 Gas del Estado
Cañerías de distribución	1,0m/seg

GASES DE ALTA PRESION (300 – 500 Atms.)	
Cañerías principales	4,0 – 5,0m/seg

AIRE COMPRIMIDO	
Cañerías principales	10,0 – 20,0m/seg
Cañerías precalentadores (calderas)	5,0 – 13,0m/seg

Pérdidas de carga en mangueras.

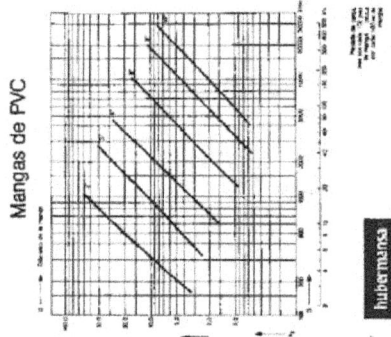

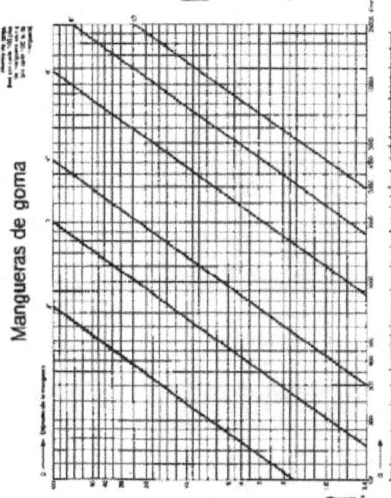

Inyectores de bronce tipo Penberthy para baja, media y alta presión.

Baja presión de 25 a 100lbs.

ø cañería 3/8"	suministra desde	210 a 300	litros/hora
ø cañería ½ "	suministra desde	470 a 680	litros/hora
ø cañería 3/4"	suministra desde	1020 a 1300	litros/hora
ø cañería 1"	suministra desde	1820 a 2210	litros/hora

Media presión de 40 a 160lbs.

ø cañería 3/8"	suministra desde	140 a 300	litros/hora
ø cañería ½ "	suministra desde	380 a 670	litros/hora
ø cañería 3/4"	suministra desde	700 a 1380	litros/hora
ø cañería 1"	suministra desde	1280 a 2300	litros/hora
ø cañería 1 1/4"	suministra desde	2000 a 3800	litros/hora
ø cañería 1 ½"	suministra desde	2900 a 5300	litros/hora
ø cañería 2"	suministra desde	5000 a 9000	litros/hora

Alta presión de 75 a 220lbs.

ø cañería ½"	suministra desde	630	litros/hora
ø cañería 3/4"	suministra desde	1300	litros/hora
ø cañería 1"	suministra desde	2200	litros/hora
ø cañería 1 1/4"	suministra desde	3500	litros/hora
ø cañería 1 ½"	suministra desde	6800	litros/hora
ø cañería 2"	suministra desde	10700	litros/hora

El diámetro de cañería es referido al diámetro de conexión que tiene el inyector provisto por la fábrica.

Para su instalación debe tratar de evitarse la entrada de aire al caño de entrada de agua. La temperatura del agua de alimentación no debe pasar de 30°C trabajando con vapor entre 80 y 100lbs de presión.

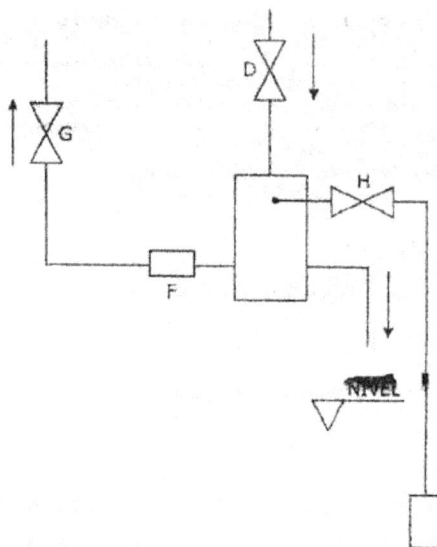

Puesta en marcha del inyector

Abrir la válvula globo H.

Abrir la válvula de vapor D.

Regular la alimentación de agua por medio de la válvula H. Si el agua que llega a H está sobre el nivel de ésta, no debe abrirse totalmente. En cambio D sí debe abrirse totalmente en todos los casos.

Parada del inyector

Cerrar D primero que todo.

La válvula H puede quedar como se halla en ese momento. Si el agua llega desde un tanque más alto que la válvula H se debe cerrar ésta o la válvula que se halle debajo del tanque.

Información necesaria para solicitar un nuevo inyector:

    *Tamaño sacado del catálogp
    *Serie sacado del catálogo
    *Presión de vapor más baja y más alta de trabajo

*Lugar y forma de provisión de agua de alimentación
* Altura de aspiración
*Temperatura del agua de alimentación

Instrucciones de instalación tomando en cuenta el dibujo anterior:

La válvula H debe estar lo más cerca posible del inyector, su empaquetadura debe cerrar bien para que no entre aire.
Las válvulas H y D deben ser tipo globo, no usar exclusas.
El caño de suministro de agua no debe exceder de 1 metro desde el nivel de agua, si debe exceder esa medida se debe colocar una válvula de retención al pié del mismo.
Si el abastecimiento de agua fuera con presión de cerca de 25lbs se colocará una válvula H más chica como así los caños y uniones. *Ejemplo:* para inyector de 1" se usará caño de 3/4".
Si se alimenta desde tanque elevado no achicar diámetros.
Si la altura de la toma de agua es mayor de tres metros poner caños y válvulas más grandes. La válvula F de retención se debe poner a 0,60m de la caldera y bien cerca del inyector.
El caño de descarga del inyector no debe ser muy largo porque produce problemas con el vacío y el inyector funcionará mal.

Conexión de un filtro Modelo "Y".

En el dibujo mostramos el montaje de un filtro de paso recto mocelo "Y" para vapor, aire y líquidos.
El ejemplo es para una cañería de 1" utilizando un codo y una unión doble para facilitar el montaje y desmontaje.
*1 filtro "Y"
*2 unión doble asiento cónico
*3 conexión para una válvula de purga
Material de la tubería: acero.
Del filtro: acero fundido norma ASTM-A 216
Malla filtrante de 625 agujeros por pulgada cuadrada.

Presión de vapor 42kg/cm^2 a 410ºC.
Presión de líquidos 100kg/cm^2 a 65ºC.
Medidas para cañerías de ½" hasta 2".

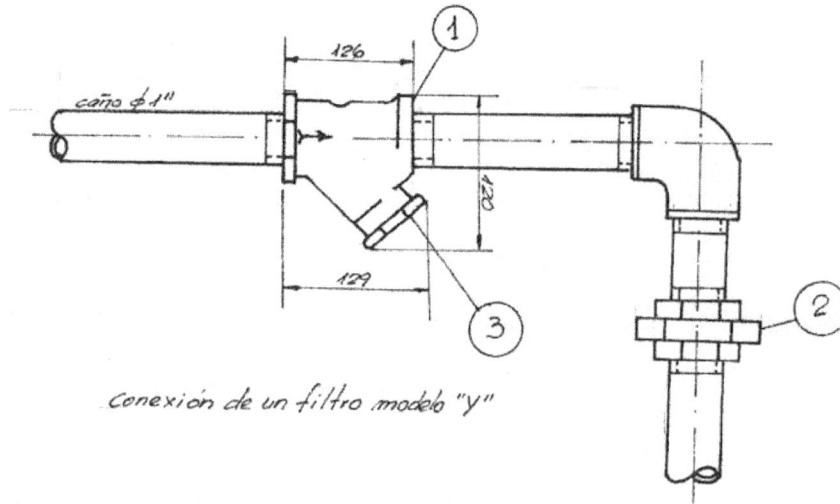

Conexión de un filtro modelo "y"

Válvulas esféricas - Cierre a 1/4 de vuelta.

La esfera se apoya en dos anill
de cierre de teflón y es de acer
inoxidable. El prensaestopa de
vástago giratorio por acción de
palanca tiene dos anillos "0" de
cierre de teflón.
La dimensión G de pasaje del
fluido es de 10mm para la de
½"y 13mm la de 3/4".

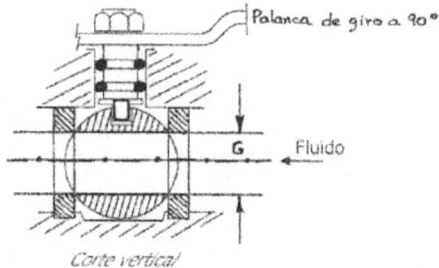

Corte vertical

Válvula a diafragma de control con by-pass roscados y uniones dobles para fácil desmontaje para mantenimiento.

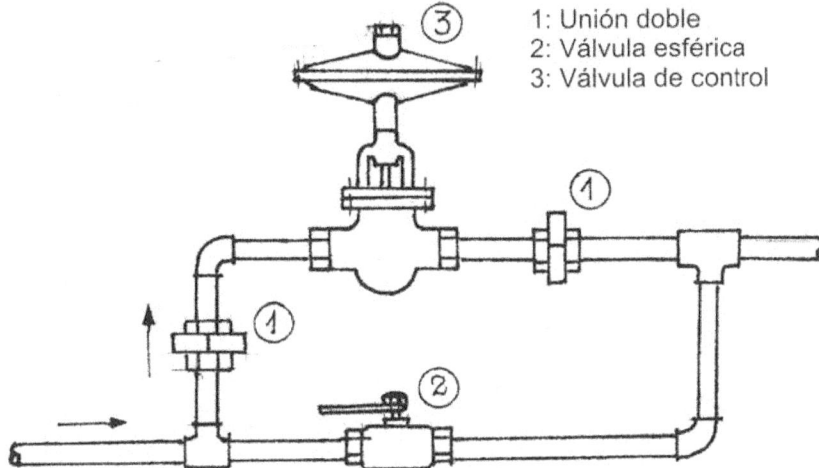

1: Unión doble
2: Válvula esférica
3: Válvula de control

Válvula reguladora de presión para quemador de Gas Oil de una caldera para calefacción central con vapor.

POS	CANT	DESIGNACIÓN
1	1	TAPA CON JUNTA DE ADAMITE
2	1	TORNILLO DE CIERRE ORIFICIO TAPA
3	1	TORNILLO DE REGULACIÓN PRESIÓN
4	1	RESORTE
5	1	ARANDELA PLANA
6	1	FUELLE DE REGULACIÓN
7	1	RESORTE DE REGULACIÓN
8	1	AGUJA CON RANURA
9	1	VÁLVULA DE CIERRE

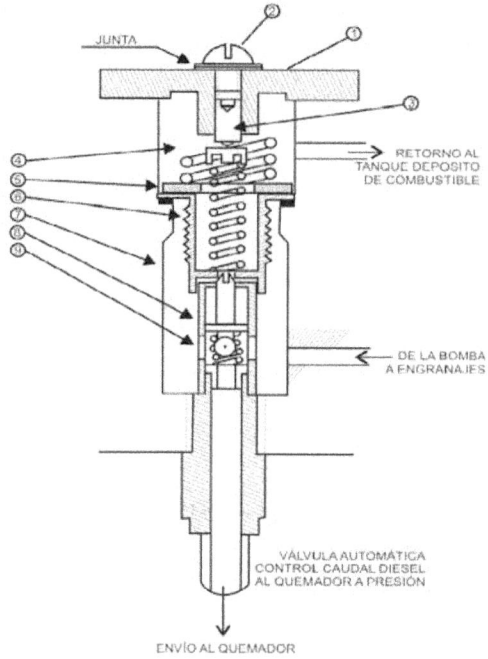

VÁLVULA AUTOMÁTICA
CONTROL CAUDAL DIESEL
AL QUEMADOR A PRESIÓN

Válvula de émbolo con servodistribución.

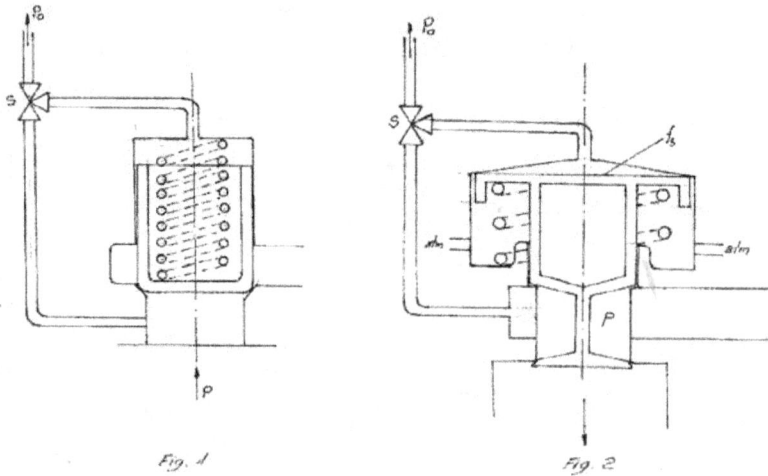

Fig. 1

Fig. 2

Válvula de retención. Cierre de bola. Corte vertical.

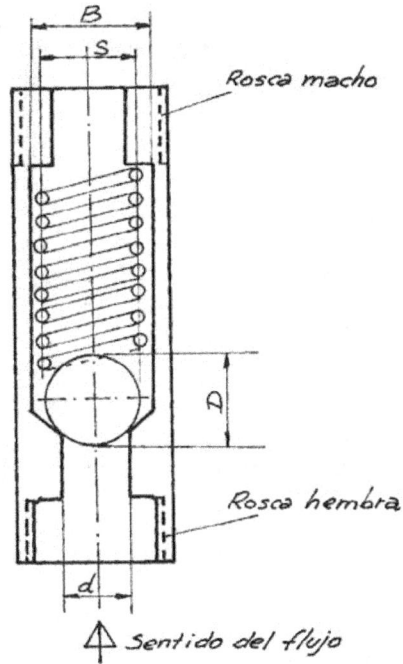

Recuperación de humos y vapores de ácido nítrico desde tanque a camión.

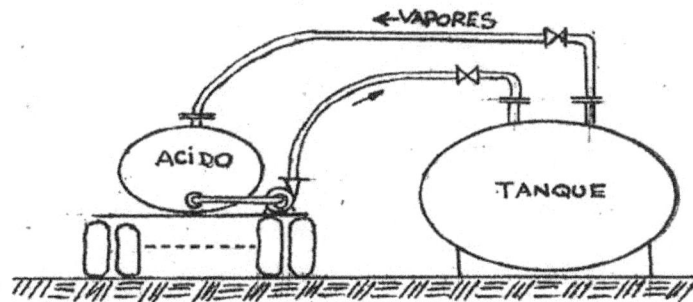

Tratamiento de agua para caldera.

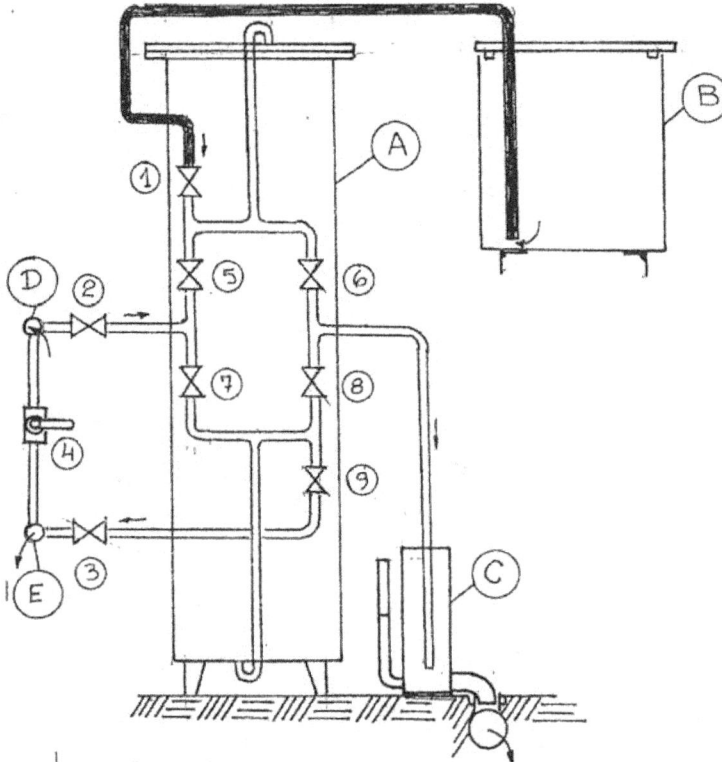

A   Columna de intercambio
B   Deposito de solución
C   Control velocidad de desagote con tubo de nivel lateral
D   Tubería de agua de alimentación
E   Tubería de ingreso a caldera

1   Válvula de paso solución
2   Llave de alimentación
3   Llave de salida a caldera
4   Llave de by-pass de intercambiador
5   Entrada agua e intercambiador
6   Salida de agua de inversión al desagote
7   Llave de inversión de paso
8   Descarga de agua tratada al desague o de solución de lavado
9   Salida agua tratada a caldera.

Instalación de una bomba presurizadora tipo ROWA Tango.

Adoptamos una bomba 20 SFL para alimentar 2 baños, lavarropas automáticos y caldera mural. El tanque existente tiene 6 metros de altura, con la bomba agregamos 20 metros más (2kg/cm^2) y un caudal de 4000lt/h.

La tubería será de 1". La bomba construida es móvil con control automático de presión.

Potencia HP = 0,33
Amperes = 2,60
Peso Kg = 6,70
Tensión = 220V
Frecuencia = 50Hz

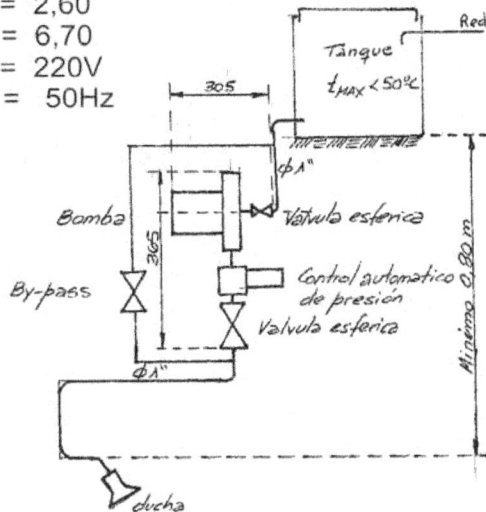

Válvulas, cañerías y accesorios.
<u>Datos de instalación según Crane CO.</u>

El uso de la llave tipo Stillson puede dañar el elemento que aprieta.

Una llave ajustable tipo inglesa se adapta a formas con caras tangenciales pero no aprieta formas redondeadas o cilíndricas.

La llave de boca o estriada para tuercas debe entrar con mínima holgura a fin de no provocar desgastes en las aristas de las mismas. Una llave de cinta ajustable de acero no daña cromados.

La llave de cadena para diámetros hasta 6" (150mm) es muy conveniente.

En la morsa para caños no apretar cuerpos de válvulas ni accesorios.

En las morsas de banco usar protectores de cobre o plomo en las mordazas, no apretar válvulas en sus laterales.

Durante el montaje mantener los caños taponados con elementos roscados o con conos de madera ajustados.

Los caños que se instalan limpiar con aire a alta velocidad o pasar escobillas, posteriormente lavar con agua a mayor velocidad. Cepillar las roscas. Las caras de las bridas donde apoyarán las juntas lavarlas con solvente.

Al montar válvulas colocarlas que quede el vástago vertical en la parte superior. Empaquetar o sellar para hermetizar con material apto para el fluido circulante.

Montaje de brida deslizable (slip-on) de acero al carbono forjado ASTM A-181 grado I o II o ASTM A-105 identificación según MSS SP-25.

Brida norma ANSI B 16.5 con caño ASTM A-53 300Lb. Schedule 40 Presión prueba 71kg/cm^2

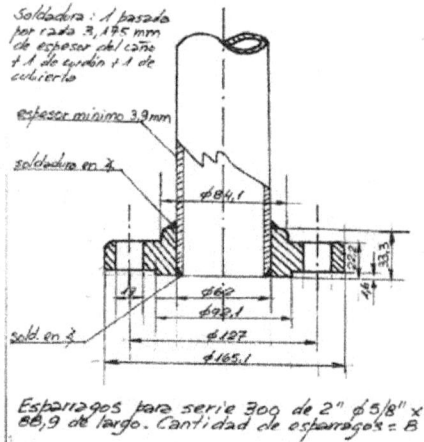

TAMAÑO NOMINAL DEL MONTAJE 2"
Reglam. para gas nat. industrial ESC 1:2,5

Varios.

Fragmento de Fausto
*Por Estanislao Del Campo*3

En un overo rosao
flete nuevo y parejito
caía al bajo al trotecito
y lindamente sentao,
un paisano del Bragao
de apelativo Laguna;
mozo jinetazo ahijuna!
Como creo que no hay otro.
Capaz de llevar un potro
y sofrenarlo en la luna.

¡Ah criollo!, si parecía
pegao en el animal,
que aunque era medio bagual
a la rienda obedecía,
de suerte que se creería
ser no solo arrocinao,
sino también del recao
de alguna moza pueblera;
¡Ah Cristo! ¡Quién lo tuviera!...
¡Lindo el overo rosao!

Como que era escarciador,
vivaracho y coscojero,
le iba sonando el overo
la plata que era un primor;
pues eran de plata el fiador,
pretal, espuelas, virolas,
y en las cabezadas solas
traía el hombre un potosí;
¡Qué! ¡Si traía para mí,
hasta de plata las bolas!

Proverbio Arabe

¡ESCUCHA!
No **digas** todo lo que sabes
No **hagas** todo lo que puedes
No **creas** todo lo que oyes
No **gastes** todo lo que tienes

¡PORQUE!
El que **dice** todo lo sabe
El que **hace** todo lo puede
El que **cree** todo lo oye
El que **gasta** todo lo tiene

¡MUCHAS VECES!
Dice lo que no conviene
Hace lo que no debe
Juzga lo que no ve
Gasta lo que no puede

BIBLIOGRAFÍA

- Manual del constructor de Máquinas; H. Dubbel; Labor.
- Manual HUTTE del Ingeniero Civil e Industrial; Editorial Gustavo Gili de Barcelona
- Escuela del Técnico Electricista; H. Teuchert; Labor
- Escuela del Técnico Mecánico; Holzt; Labor.
- Manual Universal de la Técnica Mecánica; Oberg Jones; Labor.
- Reglamento de la ex Gas del Estado para instalaciones.
- Reglamento de la AEA para instalaciones eléctricas.
- Diccionario Técnico Larousse.
- Folletos de EQA quemadores industriales para gas.
- Catálogo SIEMENS de motores y generadores.
- Manual para el Mecánico; Alsina.
- Cómputos y presupuestos; Chandias; Alsina.
- Manual de Dibujo Técnico; Pezzano Guisado; Alsina.
- Instalaciones Eléctricas; Sobrevila; Alsina.
- Máquinas Eléctricas; Chapman; Mc Graw Hill
- Instrumentación Industrial; Foxboro.
- Tecnología de la Medición; Casillas.
- Herramientas; Starret.

INDICE GENERAL

CAPITULO I - ELECTROTECNIA.

CAPITULO II - PROTECCIONES Y SEGURIDAD ELECTRICA.

CAPITULO III - APARATOS DE MANIOBRA.

CAPITULO XI - HIDRAULICA.

VARIOS.

Se termino de imprimir en Multigraphic
Buenos Aires, Argentina
Junio de 2007

www.ingramcontent.com/pod-product-compliance
Lightning Source LLC
Chambersburg PA
CBHW080609270326
41928CB00016B/2976